Éveiller, épanouir, encourager
son enfant

la pédagogie Montessori à la maison

Éveiller, épanouir, encourager
son enfant

la pédagogie Montessori à la maison

TIM SELDIN
Président de The Montessori Fondation
et membre de l'International Montessori Council

Avertissement

L'auteur et l'éditeur ne sauraient
être tenus pour responsables
en cas de dommages
occasionnés par les jeux et les activités
décrits dans ce livre.

© 2007 Dorling Kindersley Limited, Londres,
pour l'édition originale,
publiée sous le titre
How to Raise an Amazing Child.
ISBN de l'édition originale :
978-1-4053-1299-8

© 2007, Nathan, Paris
pour la présente édition.

Traduction : Anne-Marie Naboudet-Martin
Maquette de l'édition française : Gilbert Bornat
Révision : Élisabeth Privat
Couverture : Françoise Maurel

ISBN : 9782092780909
N° d'éditeur : 10135293
Dépôt légal : mars 2007
Imprimé à Singapour par Tien Wah Press.

Sommaire

Introduction

Je crois qu'il n'y a pas eu un moment de ma vie qui n'ait été lié à l'univers Montessori. Plus qu'une pédagogie, il s'agit pour moi d'un véritable mode de vie.

Cet ouvrage est une compilation de toutes mes expériences – de petit enfant, de père, d'éducateur Montessori et de coach auprès de nombreuses familles à la recherche d'une alternative pour élever leurs enfants dans un esprit de gentillesse, de partage et de respect. Tout ce que je sais, je l'ai appris essentiellement en observant et en écoutant mes enfants, et en analysant mes propres erreurs.

Être parent est un travail à plein temps. Autrefois, élever des enfants semblait simple. Les mamans restaient à la maison et s'occupaient d'eux, pendant que les papas allaient travailler. En règle générale, les enfants étaient obéissants, ne serait-ce que parce que leurs parents les punissaient sévèrement s'ils ne l'étaient pas.

Aujourd'hui, les choses ont changé. Dans beaucoup de familles, la maman n'est pas à la maison toute la journée. Elle a une vie professionnelle prenante, ou elle travaille pour que le ménage arrive à joindre les deux bouts. Les jeunes enfants sont souvent confiés à la crèche ou à la maternelle, ou encore à des nourrices professionnelles. Dans beaucoup de pays, le divorce est une chose relativement courante, et de nombreuses mères, et parfois des pères, doivent jongler avec leurs responsabilités professionnelles et celles qu'ils ont en tant que parents d'une famille monoparentale.

Dans le même temps, journaux, magazines ou reportages télévisés nous parlent de découvertes récentes soulignant l'importance de faire évoluer les bébés, les tout-petits et les petits dans un environnement favorable, où les expériences qu'ils font se doivent d'être positives. Nous avons conscience que le cerveau de l'enfant est programmé pour apprendre, mais uniquement s'il est stimulé dès le plus jeune âge. C'est pourquoi nous nous demandons maintenant si nous sommes à la hauteur de notre tâche de parent-éducateur de jeunes enfants.

La plupart des gens ont envie de donner à leurs enfants le meilleur environnement familial possible, dans la limite de leur temps et de leurs possibilités. Si vous avez un petit enfant et si vous êtes désireux de trouver une nouvelle approche et des conseils pratiques, ce livre vous est destiné ! Tous les enseignants ne sont pas des parents, mais tous les parents sont des enseignants. La mission que nous nous sommes fixée ne consiste pas seulement à nourrir, à cajoler et à protéger nos enfants. Nous devons aussi leur apprendre à devenir des adultes autonomes, qui ont confiance en eux et qui réussissent, des adultes heureux et comblés. Il faut des années pour arriver au terme de ce chemin, mais il n'est pas inutile d'avoir une idée de l'objectif vers lequel on tend, ainsi que des raisons qui nous poussent à agir comme nous le faisons tout au long de ce voyage.

J'espère que ce livre vous incitera à profiter davantage encore des moments que vous passez avec votre enfant. Il regorge d'idées d'activités à faire ensemble, mais il est aussi une invitation à célébrer chaque instant que la vie nous offre. Toutes ces petites choses que nous pouvons faire au quotidien pour marquer telle ou telle occasion et pour réaffirmer notre amour les uns pour les autres peuvent changer beaucoup de choses en ce monde, à la fois pour votre enfant et pour vous, dans votre vie de maman ou de papa.

Tim Seldin

Tim Seldin
Président de The Montessori Foundation

« Tous les enseignants ne sont pas des parents, mais tous les parents sont des enseignants. »

Pourquoi choisir la méthode Montessori ?

Être parent, c'est
parfois difficile

Un enfant, c'est l'un des plus cadeaux que la vie puisse faire. Mais élever des enfants qui soient attentifs aux autres dans le monde actuel peut se révéler difficile pour n'importe quel parent.

Unis pour la vie Dès sa naissance, l'enfant devient pour ses parents la personne la plus importante au monde.

Le lien qui nous relie à nos enfants se forme avant la naissance et dure toute la vie. Nous sommes là, près d'eux, quand ils commencent à sourire, à marcher à quatre pattes, à parler, à faire leurs premiers pas. Au fil du temps, nous franchissons ensemble les étapes du voyage qui les conduira vers la vie d'adulte.

Vivre avec des enfants n'est pas toujours facile. Il n'y a pas que des câlins et des bisous, nous devons également partager leurs nuits sans sommeil, affronter ensemble les maladies, les colères, les disputes entre frères et sœurs, et tout ce qui rend la vie de parent difficile. En grandissant, nos enfants semblent apprendre à nous connaître mieux que nous ne nous connaissons nous-mêmes. Ils savent sur quel bouton appuyer pour nous énerver, ou quelle attitude adopter pour parvenir à leurs fins. Par moments, on voudrait bien avoir un guide pour nous dire que faire.

Il n'est pas rare de voir des parents ne pas savoir très bien comment s'y prendre pour que leur enfant soit gentil. Nos enfants voient et entendent autour d'eux d'autres enfants répondre à leurs parents, se disputer en récréation et se dire des méchancetés. Certes, les guides à l'intention des parents ne manquent pas, mais le résultat n'est pas très probant. Ce phénomène s'explique en partie par le fait que ces ouvrages tiennent plutôt du livre de recettes, avec des conseils précis sur ce qu'il faut faire dans telle ou telle situation, que d'une approche globale et systématique du rôle de l'éducation.

Une approche différente

Ma vie a été profondément influencée par l'œuvre d'une femme extraordinaire : Maria Montessori. Enfant, j'ai fréquenté une école merveilleuse, où la pédagogie était inspirée de ses travaux. Adulte, j'ai eu le privilège d'y enseigner, puis de la diriger pendant vingt-cinq ans. Le message et les analyses de cette pédagogie, ainsi que les stratégies concrètes qu'elle a enseignées ont influencé des centaines de milliers, voire des millions de parents et d'enfants à travers le monde. On connaît bien les écoles qui portent son nom, mais il faut savoir que son approche peut aussi être adoptée à la maison sans difficulté.

Les principes de la pédagogie Montessori se fondent sur une approche globale qui a pour point de départ la naissance (ou le plus jeune âge possible) et se construit au fil des ans, au fur et à mesure que l'enfant mûrit. Lorsque cette approche est bien comprise, elle présente l'avantage de très bien fonctionner avec toutes sortes d'enfants. Il s'agit d'une méthode complète expérimentée depuis plus de cent ans, qui peut aussi être mise en œuvre en partie seulement. Essayez-la, et vous verrez qu'elle fonctionne chez vous aussi !

Pour cela, vous n'avez pas besoin d'être un enseignant formé à la pédagogie Montessori, ni de créer une école chez vous. Si vous appliquez à la maison, du mieux que vous pourrez, quelques-uns des conseils qui figurent dans ce livre, vous constaterez, j'en suis certain, que vous remplissez mieux votre rôle de parent et que vous êtes plus apte à faire de votre foyer un lieu de chaleur, d'amour, de gentillesse et de respect.

Une course de longue haleine
Les premières étapes de la vie d'un enfant accaparent les parents, mais l'effort en vaut la peine.

L'approche de Maria
Montessori

Il y a cent ans, une jeune femme inventait en Italie une nouvelle approche de l'éducation, fondée sur l'encouragement et le respect.

Maria Montessori voit le jour en 1870 en Italie, pays à l'époque très conservateur en ce qui concerne la place accordée aux femmes. Malgré de nombreux obstacles, Maria Montessori devient la première femme médecin de son pays. Elle enseigne à la faculté de médecine de l'université de Rome. Elle donne aussi des consultations gratuites, ce qui lui permet d'être fréquemment au contact d'enfants pauvres. À travers son travail, elle acquiert la conviction que tous les enfants naissent avec un potentiel humain extraordinaire, mais que celui-ci ne peut se développer que si les enfants sont stimulés correctement par les adultes dès les premières années de leur vie.

Décidée à prouver la justesse de sa théorie, Maria Montessori prend en 1907 la direction d'un jardin d'enfants situé dans l'un des quartiers les plus misérables de Rome et qui accueille des enfants d'ouvriers trop jeunes pour aller à l'école. Il deviendra la première Casa dei Bambini (Maison des enfants). Les conditions de travail y sont épouvantables, la plupart des enfants étant agressifs, agités et indisciplinés.

Maria Montessori commence par montrer aux plus âgés comment aider aux tâches quotidiennes. À sa grande surprise, des enfants de trois ou quatre ans prennent plaisir à apprendre des choses pratiques. Bientôt, ces mêmes enfants s'occupent de leur école, aident à préparer et à servir les repas, veillent à la propreté des lieux. Leur comportement change : les petits galopins livrés à eux-mêmes deviennent des modèles de politesse et de courtoisie.

L'univers enfantin
Maria Montessori se rend compte que les jeunes enfants éprouvent un sentiment de frustration dans un monde conçu pour les adultes. Elle équipe alors l'école de carafes et de bols miniatures, se procure des couteaux adaptés aux minuscules mains des enfants. Elle demande à des menuisiers de lui fabriquer des tables et des chaises à la taille des enfants, suffisamment légères pour qu'ils puissent les déplacer sans l'aide d'un adulte. Comme les enfants aiment être assis par terre, elle leur donne de petits tapis pour délimiter leur aire de travail. Ils apprennent très vite à les contourner pour ne pas se déranger mutuellement dans leur travail.

Après des heures et des heures d'observation et d'échanges avec les enfants, Maria Montessori en arrive à la conclusion qu'ils passent par plusieurs stades de développement (voir pages 14-17), chacun d'entre eux étant caractérisé par des goûts, des intérêts et des façons de penser spécifiques. Elle découvre que, à chacun de ces stades, les enfants ont leur propre logique, qu'ils ont une préférence pour certaines activités et des tendances naturelles au niveau du comportement.

Elle constate à quel point les enfants sont sensibles à un environnement calme et ordonné, dans lequel chaque chose a sa place. Elle observe les enfants en train d'apprendre à contrôler leurs gestes et remarque qu'ils n'apprécient pas que la sérénité ambiante soit perturbée quand ils trébuchent ou font tomber quelque chose. Elle leur donne l'occasion de développer leur esprit d'indépendance et note que leur amour-propre et leur confiance en soi se développent au fur et à mesure qu'on leur apprend et qu'on les incite à faire les choses tout seuls.

Un intérêt qui dépasse les frontières
La première Maison des enfants retient immédiatement l'attention et suscite l'approbation générale. En tant que scientifique mondialement reconnue, Maria Montessori jouit d'une rare crédibilité. Les hommes politiques, les scientifiques, les leaders ouvriers, les patrons d'usine, les enseignants et les mères s'intéressent à son travail. Elle abandonne la médecine pour consacrer toute son énergie à surveiller le développement des écoles Montessori dans le monde entier. Avocate infatigable des droits des enfants, convaincue de leur potentiel intellectuel, elle poursuit ses recherches jusqu'à sa mort en 1952.

L'œuvre de Maria Montessori se poursuit jusqu'à nos jours. Son approche systématique peut être adoptée dans presque toutes les situations. Ce qui séduit certains, c'est le calme et le comportement responsable qu'affichent les élèves, ainsi que leur envie d'apprendre. D'autres louent la liberté, la spontanéité et l'autonomie que la pédagogie Montessori apporte aux jeunes enfants.

Un nouveau départ

Maria Montessori, médecin italien, a imaginé une nouvelle approche de l'éducation des enfants.

IDÉE

Apprentissages :
les périodes
sensibles

Les enfants passent par des « périodes sensibles » au cours desquelles ils se préparent à apprendre. Certaines de ces occasions ne se représenteront pas.

« Une période sensible correspond à un moment où l'enfant est intrigué par un aspect particulier de son environnement. »

Maria Montessori s'est rendu compte que les enfants passent par des stades d'intérêt et de curiosité – qu'elle a appelés « périodes sensibles » – durant lesquels ils sont intrigués et absorbés par des aspects particuliers de leur environnement. Il est important de bien comprendre ce processus, car à chaque stade il est possible d'influer sur le développement de l'enfant.

Maria Montessori a identifié plusieurs périodes entre la naissance et l'âge de six ans (voir pages 16-17). Chacune d'entre elles fait référence à une prédisposition qui pousse l'enfant à acquérir certaines compétences. Pendant les toutes premières années, par exemple, l'enfant se trouve dans la période sensible du langage. Il est extrêmement attentif à ce que nous disons et à la manière dont nous le disons ; avant même que nous en ayons conscience, il parle la même langue que nous, avec le même accent.

Des parents et des éducateurs avertis, qui savent tirer parti de ces périodes sensibles que traverse l'enfant, peuvent le soutenir dans ses apprentissages et son développement de manière bien plus efficace.

Chaque période sensible correspond à une sorte de compulsion qui incite l'enfant à se concentrer avec une attention soutenue sur un aspect particulier de son environnement, jour après jour, sans jamais se fatiguer ni se lasser. De toute évidence, il s'agit d'un mécanisme biologique programmé en lui, qui l'aide à développer des compétences et des talents faisant partie intégrante de l'héritage

que chacun porte en lui, en tant qu'être humain. Le début et la fin de chaque période sensible diffèrent inévitablement d'un enfant à l'autre. Il est donc essentiel d'observer son enfant attentivement et d'individualiser la réaction que l'on a face à lui. N'oubliez pas que les apprentissages qu'il fait durant ces premiers stades constituent les fondations sur lesquelles se construira pratiquement tout ce qui suivra.

Une occasion unique
Pendant chaque période sensible, l'enfant peut apprendre des choses nouvelles, maîtriser de nouvelles compétences ou développer certaines de ses capacités intellectuelles sans efforts et de façon presque inconsciente. Mais les périodes sensibles ne sont que des états transitoires. Une fois que la compétence qui avait attiré leur attention est acquise, la période sensible prend fin. Par conséquent, si l'enfant n'a pas eu l'occasion de vivre une expérience appropriée ou d'être stimulé à bon escient, l'occasion d'apprendre passe. Les compétences peuvent toujours être acquises, mais cela nécessitera désormais des années de dur labeur et d'exercices. C'est la raison pour laquelle un enfant de deux ou trois ans, qui se trouve dans la période sensible du langage, peut apprendre relativement facilement une ou plusieurs langues étrangères, alors que nous, adultes, avons généralement beaucoup plus de mal.

Le bon moment S'il est stimulé correctement et au bon moment, l'enfant peut apprendre de façon quasi inconsciente.

Périodes sensibles (de la naissance à 6 ans)

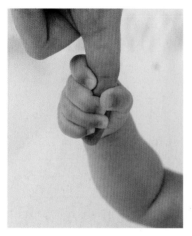

Mouvement (de la naissance à 1 an) Le bébé apprend à coordonner et à maîtriser ses gestes, au départ incontrôlés : saisir, toucher, se retourner, trouver son équilibre, avancer à quatre pattes et marcher.

Langage (de la naissance à 6 ans) Le bébé produit d'abord des vocalises et des sons, puis un babil qui se transforme en mots, en groupes de mots, et enfin en phrases.

Petits objets (1 à 4 ans) L'enfant s'intéresse aux petits objets et aux détails minuscules, sa coordination œil-main devenant de plus en plus fine et précise.

Ordre (2 à 4 ans) Tout doit être à sa place. À ce stade, l'enfant adore se conformer à une routine ; il a besoin de cohérence et de répétition.

Musique (2 à 6 ans) Si la musique fait partie de son quotidien, l'enfant s'intéressera spontanément à la production de sons, de rythmes et de mélodies.

Propreté (18 mois à 3 ans) Au fur et à mesure que son système nerveux se développe et se structure, l'enfant apprend à contrôler sa vessie et ses intestins.

Politesse et courtoisie (2 à 6 ans) L'enfant adore imiter les gens polis et respectueux. C'est ainsi qu'il s'approprie ces qualités.

Sens (2 à 6 ans) L'éducation des sens commence dès la naissance, mais, à partir de deux ans, l'enfant est fasciné par les expériences sensorielles (goût, ouïe, toucher et odorat).

Écriture (3 à 4 ans) Maria Montessori a découvert que l'écriture précédait la lecture, l'enfant commençant par essayer de reproduire des lettres et des nombres sur du papier.

Lecture (3 à 5 ans) L'enfant montre un intérêt spontané pour les symboles et les sons qu'il reproduit. Il les traduit vite en mots.

Relations spatiales (4 à 6 ans) L'enfant appréhende de mieux en mieux les relations spatiales, ce qui lui permet d'assembler des puzzles de plus en plus compliqués.

Mathématiques (4 à 6 ans) Maria Montessori a découvert comment offrir à l'enfant une approche concrète des maths pendant la période où il est sensible aux nombres et aux quantités.

ACTIVITÉS

La magie des écoles
Montessori

Le message délivré au travers de la pédagogie Montessori est toujours d'actualité. Il se transmet aux quatre coins du monde dans les écoles qui portent son nom.

L'enfant que l'on traite avec respect et que l'on encourage à essayer de faire des gestes nouveaux apprend plus facilement à faire les choses de sa propre initiative. Maria Montessori enseignait qu'un enfant qui se sent respecté et compétent ressentira un bien-être sur le plan affectif bien supérieur à celui d'un enfant que l'on se contente d'aimer et de corriger. Les éducateurs Montessori partagent tous la conviction que la réussite scolaire est directement liée à l'importance du sentiment que l'enfant a d'être un être humain compétent et capable. Ils montrent aux petits comment verser un liquide, écrire une lettre ou calculer des sommes. Ils montrent aux plus grands comment faire des recherches, se servir d'Internet et utiliser des formes plus complexes d'écriture. L'enfant qui atteint un certain niveau d'autonomie gardera toute sa vie de bonnes habitudes de travail, d'autodiscipline et un sens des responsabilités.

Apprendre en toute liberté
Dans une salle de classe Montessori, il existe des règles de base concernant le comportement et la propreté. En dehors de cela, les élèves sont libres de choisir l'activité qu'ils veulent, et d'y travailler aussi longtemps qu'ils veulent. Ils sont également libres de se déplacer et de travailler seuls ou en groupe. La plupart du temps, les élèves choisissent un travail qui capte d'emblée leur intérêt, même si les éducateurs les aident à choisir des activités qui

Avant de travailler, on s'install
Quand ils travaillent par terre, les enfants délimitent leur aire de travail par un petit tapis.

Propre et net L'ordre qui règne dans la salle de classe d'une école Montessori incite les enfants à l'autodiscipline et à l'autonomie.

présentent des difficultés nouvelles et cherchent à élargir leur champ d'investigation. Une fois l'activité terminée, les enfants doivent remettre le matériel à sa place. Ils apprennent à gérer une communauté qui est la leur, ce qui leur permet d'acquérir une certaine autonomie et de bonnes compétences de meneur.

Ces principes peuvent facilement être transposés à la maison. Créez un espace accueillant mais ordonné pour votre enfant, et autorisez-le à travailler et à jouer comme bon lui semble. Vous verrez qu'il gagnera en assurance et en autonomie.

BOUTONNER UN VÊTEMENT

En s'entraînant sur un cadre, les enfants apprennent à maîtriser les compétences nécessaires pour s'habiller tout seuls.

CIRER DES CHAUSSURES

Les enfants adorent faire briller les objets. Il est donc naturel pour eux d'en faire autant avec leurs chaussures.

APPRENDRE À VERSER On utilise de petits brocs adaptés aux mains des enfants pour leur apprendre à verser.

RECONNAÎTRE LES LETTRES Les enfants apprennent à lire phonétiquement. Ils se servent de l'« alphabet mobile » pour composer des mots et des phrases.

ÉCRIRE Pour développer leur coordination œil-main, nécessaire pour tenir correctement un crayon et écrire, les enfants tracent des formes.

MATÉRIEL SENSORIEL Ces cylindres de bois de hauteur et de largeur croissantes aident les enfants à explorer et à affiner leurs sens.

Les premiers
instants

Les bébés naissent curieux, créatifs et intelligents. En dehors des soins essentiels que vous apportez à votre enfant, vous pouvez aussi enrichir son univers pour l'aider à développer son potentiel.

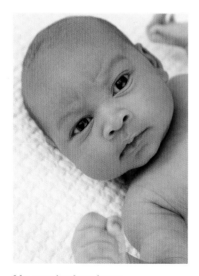

Un esprit absorbant

Dès la naissance, l'enfant est réactif et réceptif à tout ce qui l'entoure.

Les bébés diffèrent des adultes sur de nombreux points importants. Mais le bébé qui se trouve dans la pièce avec vous est un être humain à part entière, dont la mémoire profonde absorbe tout ce qu'il voit, entend, sent et touche. Les parents qui comprennent vraiment cela sont en mesure de prendre davantage conscience de l'impression que laissent nos gestes, nos mots et ce que nous leur faisons toucher dès leur naissance et au cours des premiers jours, mois et années de leur vie.

Une naissance paisible

Il fut un temps, il n'y a pas si longtemps de cela, où les bébés naissaient dans les salles d'opération des hôpitaux. Après neuf mois à flotter dans l'atmosphère chaude, douillette et sombre du ventre de leur mère, à n'entendre que des bruits étouffés, la naissance était un traumatisme pour les bébés. Ils arrivaient dans une pièce bruyante où la lumière était vive, l'air froid, et où on les manipulait sans ménagements. On a aujourd'hui bien du mal à imaginer un nouveau-né tenu par la jambe par un médecin qui lui donnait une tape sur les fesses pour le faire respirer ; c'était pourtant chose courante. Ensuite, plutôt que de laisser la mère et son bébé faire connaissance, on se dépêchait de couper le cordon ombilical et on emmenait le bébé dans une autre pièce pour le peser et le laver. Aujourd'hui, en partie grâce à l'influence de gens comme Maria Montessori, les professionnels

Un voyage merveilleux

Chaque étape du développement
physique de l'enfant est suscitée
par son besoin d'en découvrir plus.

« Le bébé est un être humain à part
entière, qui absorbe tout ce qu'il voit,
entend, sent et touche. »

de santé qui accompagnent le processus de la naissance sont plus humains. Les maternités modernes sont dotées d'un éclairage plus doux ; la pièce est maintenue à une température agréable ; de la musique douce est parfois diffusée, et les gens ne parlent pas trop fort. Après la naissance, le bébé est posé sur le ventre de sa mère pour qu'il se repose et soit à son contact avant d'être lavé, pesé et examiné. Sauf en cas d'urgence médicale, tout se passe dans une atmosphère détendue.

Le lien se crée Les premières heures qui suivent la naissance marquent une période sensible durant laquelle le bébé noue un lien particulièrement étroit avec ses parents. Selon le Dr Silvana Montanaro, du centre d'assistance à l'enfance de l'Association Montessori internationale (AMI), à Rome, « des études ont démontré que l'intensité et la qualité des soins prodigués par la mère à son enfant sont étroitement liées à la façon dont se passent entre eux les premiers jours après la naissance ».

« Les premières heures qui suivent la naissance marquent une période sensible durant laquelle le bébé noue un lien particulièrement étroit avec ses parents. »

Le contact physique que le bébé a avec ses parents lorsqu'ils le cajolent et le touchent se transforme rapidement en lien affectif, celui qui préside à toute relation saine entre parents et enfants. La relation est à double sens. D'une part, le bébé se sent en sécurité dans les bras de ses parents, il éprouve une sensation forte et durable face à leur visage, à leur odeur et au son de leur voix ; d'autre part, les parents sont généralement fous d'amour pour leur bébé, ce qui leur permet de tenir le coup les premiers mois, quand il les prive de sommeil et qu'ils doivent s'habituer à ce nouveau rôle de parent.

Les deux parents se relaient pour tenir le bébé dans leurs bras et le caresser, afin qu'un lien étroit se tisse avec chacun d'entre eux. Caressez doucement votre bébé quand il est allongé sur vos genoux, ou tenez-le peau contre peau contre votre poitrine pour que chacun sente bien le contact charnel.

Presque tous les bébés, en particulier les prématurés ou ceux qui ont besoin d'être pris en charge médicalement, réagissent très bien aux massages doux. Grâce à ces massages, ils se détendent, et le processus qui aboutit à la création d'un lien s'en trouve renforcé. Les massages favorisent également un bon sommeil et une bonne digestion. Il existe de nombreux ouvrages et documents vidéo qui expliquent comment masser un bébé.

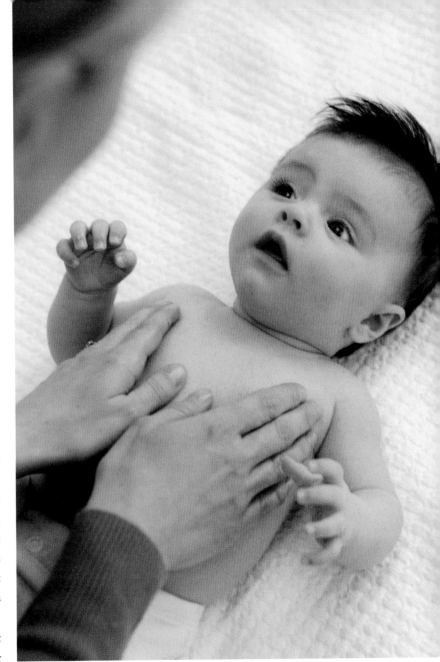

Une atmosphère apaisante

Les bébés adorent entendre les adultes s'adresser à eux – faire des vocalises, chanter, bêtifier. En leur parlant ainsi, on retient leur attention. Et, bien sûr, tout le monde sait que réciter des poèmes ou des comptines, chanter des berceuses ou lire à voix haute en le berçant doucement sont des moyens infaillibles d'apaiser un bébé qui pleure.

Certains bébés s'effrayent et pleurent facilement, d'autres ont du mal à trouver le sommeil, ou bien réagissent de façon anormale à la lumière et au bruit ou à un contact charnel. Ne vous inquiétez pas si votre bébé réagit ainsi ou s'il semble se détourner lorsque vous lui parlez ou lui chantez une chanson. Faites simplement en sorte de maintenir le lien avec lui – touchez-le avec délicatesse, parlez-lui d'une voix douce, essayez de ne pas faire trop de bruit autour de lui et limitez l'éclairage. À la longue, il s'habituera à ce monde étrange dans lequel il a été projeté et finira par s'adapter à son environnement.

Massage Massez doucement votre bébé pour le détendre tout en renforçant le lien qui vous unit.

C'est le tour de papa Pour qu'il puisse lui aussi le nourrir, tirez votre lait et mettez-le dans un biberon.

Les vertus de l'allaitement maternel L'allaitement maternel est la meilleure forme d'alimentation qui soit pour le nouveau-né.

L'allaitement

La promotion du lait maternisé et la popularité qu'il a acquise dans les années 1960 ont fait de l'allaitement maternel une pratique dépassée dans de nombreuses régions du monde pendant plusieurs décennies. Aujourd'hui, grâce à une meilleure compréhension des avantages du lait maternel et à plusieurs campagnes menées par des associations comme La Leche League, l'allaitement maternel est à nouveau reconnu comme étant la meilleure source d'alimentation pour les bébés, et il n'a jamais été autant pratiqué.

Contre sa peau

La peau du bébé est extrêmement sensible. Choisissez des couches et des vêtements fins, en fibre naturelle, comme le coton, pour éviter les irritations. Optez pour la qualité et évitez les vêtements trop fragiles en matière synthétique. La priorité des priorités, c'est le confort de votre bébé. Résistez à la tentation d'en faire une jolie poupée.

Le bébé peut aussi s'irriter la peau en se griffant la figure, car c'est avec ses mains qu'il va explorer son corps au cours des premiers mois. Coupez-lui les ongles à ras plutôt que de lui couvrir les mains. Après cela, il explorera ses pieds et vous veillerez, là aussi, à bien couper les ongles des orteils.

Les tout-petits apprécient généralement d'être chaudement enveloppés dans des vêtements douillets. Néanmoins, quand ils grandissent et commencent à se retourner, à ramper, à se redresser et finalement à marcher, il vaut mieux les laisser mains et pieds nus dans la maison pour qu'ils se sentent libres de leurs mouvements.

Vêtements de bébé Ils doivent être en fibre naturelle pour éviter les irritations.

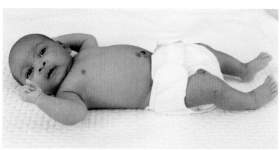

Essayez de vous passer des couches jetables Les couches en coton irriteront moins la peau de votre bébé.

Le choix des couches

Il est nettement préférable d'utiliser des couches en coton doux dès la naissance plutôt que des couches jetables. Voici trois bonnes raisons pour vous faire accepter la surcharge de travail que représente le lavage des couches ou la dépense que représente le pressing : premièrement, la généralisation de l'usage des couches jetables a engendré une masse de produits résiduels dont la dégradation est lente, et celles-ci ne sont pas retraitées quand elles arrivent dans les usines de traitement des ordures ménagères ; deuxièmement, le coton naturel est moins irritant pour la peau du bébé ; enfin, troisièmement, avec une couche en coton, le bébé sait s'il est mouillé et apprend à reconnaître la sensation qu'il a quand il urine. Ce dernier point sera très important au moment de l'apprentissage de la propreté (voir pages 90-91).

Les besoins en sommeil

Les bébés dorment beaucoup. À l'instar des adultes, ils dorment pour permettre au corps de se reposer et au cerveau de traiter et d'intégrer les impressions sensorielles et les expériences de la journée. Le sommeil est indispensable aux bébés, à la fois pour leur bien-être physique et pour leur santé mentale. Ils ne peuvent pas résister lorsqu'ils sont fatigués ou assaillis par des expériences sensorielles. Il y a peu de temps encore, votre bébé était à l'abri de votre utérus, dans un univers chaud, douillet et faiblement éclairé, où il ne percevait que des sons assourdis et flottait dans un liquide. Désormais, il est confronté à une lumière vive, au bruit, à des mouvements qui le surprennent, et subit le contact d'objets étrangers. Inévitablement, il y a des moments où c'en est trop pour lui ; il décroche et s'endort.

Vous n'avez pas besoin de lui tenir la main quand il s'endort. En revanche, il aura peut-être besoin de sentir que vous êtes près de lui. Vous pouvez éventuellement lui installer une grande peau de mouton, un petit futon ou un petit matelas dans toutes les pièces où la famille a l'habitude de se réunir. Votre bébé restera ainsi au cœur de l'action. Il sera rassuré par votre présence, par le son de votre voix, et il sentira du mouvement autour de lui. Il pourra entendre et écouter avant de glisser dans le sommeil dès qu'il sera fatigué.

« On ne réveille jamais un enfant qui dort. » Les mères se sont transmis ce vieil adage de génération en génération, et elles ont eu raison ! Laissez votre bébé dormir. Quand il sommeille, évitez les gestes brusques et les éclairages vifs, parlez doucement autour de lui.

Au cœur de l'action Allongé sur une peau de mouton, le bébé a l'impression de participer aux activités de la famille, et il peut s'endormir quand il est fatigué.

Bébé
grandit

Au cours de sa première année, le bébé grandit et change très vite.
Prenez le temps de réagir à chaque étape de son développement
et de fêter ce moment.

Une nouvelle découverte

Les mains deviennent vite son premier
centre d'intérêt et son principal moyen
d'investigation.

L'approche de Maria Montessori face à un bébé était simple. Elle pensait qu'il fallait :
- respecter chaque bébé en tant qu'individu ;
- l'aider à acquérir de plus en plus d'autonomie en créant un environnement sûr et accueillant qui lui permette d'explorer facilement son univers.

Pendant le premier mois, le bébé contrôle peu ses gestes. Ses bras et ses jambes s'agitent de façon saccadée. Il n'est pas capable de tenir sa tête droite, d'où la nécessité de bien la soutenir. Puis, apparemment d'un seul coup, il découvre avec fascination ses mains, ses pieds et son visage.

Vers trois mois, le bébé arrive généralement à soulever sa tête et le haut de son corps quand il est sur le ventre. Il tend la main vers les objets qui se balancent, il peut tenir les petits jouets et les secouer. Vers sept mois, il joue avec ses orteils et attrape des objets. Il porte tout à sa bouche ou bien le jette par terre. Avec de l'aide, il arrive à se relever. En règle générale, il marche à quatre pattes et se met debout aux alentours de son premier anniversaire. Il parvient à faire quelques pas en se tenant, à rester debout quelques instants sans appui et à marcher en étant tenu par la main.

Au cours de sa deuxième année, le bébé devient de plus en plus mobile et habile. Son besoin naturel d'indépendance se fait de plus en plus sentir. Par exemple, il commence à être capable de tenir une tasse tout seul et à boire sans renverser son contenu partout. Il commence aussi à tendre le bras ou la jambe quand on l'habille. Vous allez rapidement prendre conscience, avant même que votre enfant ne se déplace tout seul dans la maison, que votre environnement devra s'adapter à lui.

Prêt à entrer en action

Votre bébé va très vite commencer à se retourner et à faire les premiers gestes qui lui permettront ensuite de se déplacer.

Une maison prête à accueillir un enfant

Dès les premiers jours, le bébé doit avoir le sentiment de vraiment s'intégrer dans l'environnement familial.

Sur mesure Avec des meubles adaptés à sa taille, l'enfant se sent à l'aise dans un monde conçu pour les adultes.

Lorsqu'on commence à réfléchir aux moyens à mettre en œuvre chez soi pour respecter l'approche Montessori, il faut bien prendre conscience de la signification de chacun des objets qu'il y a dans sa maison, en particulier ceux auxquels l'enfant sera confronté au cours de ses trois premières années. Un jeune cerveau absorbe comme une éponge toutes les impressions, et, dans cette période qui précède le développement du langage, ses expériences sensorielles constituent à elles seules son univers. Vous devez avoir deux objectifs en tête :

● organiser votre maison de manière à favoriser l'autonomie de votre enfant et à lui donner confiance en lui, en veillant toujours à sa sécurité et à sa santé

● aménager votre maison de manière à donner une impression de beauté et d'ordre Réfléchissez à la taille des objets de votre maison. Les meubles que nous utilisons et l'agencement de notre intérieur conviennent, et c'est logique, à des adultes – lavabos, W-C, tables, chaises, canapés et lits sont tous à une hauteur prévue pour les adultes. Mais les bébés et les jeunes enfants sont très petits. Essayez d'adapter les pièces de vie à votre tout-petit, sans pour autant chambouler entièrement votre intérieur.

La sécurité avant tout La sécurité est, et doit toujours être, la préoccupation essentielle, mais l'enfant doit aussi avoir la liberté d'explorer son univers. Votre objectif doit être de préparer celui-ci pour permettre au bébé et au

Libre d'aller où bon lui semble Un enfant a besoin de se déplacer et d'explorer l'espace pour apprendre. Dans un environnement sûr, il est libre de le faire.

tout-petit de se déplacer en toute sécurité, sous votre surveillance, mais sans que vous ayez à redouter à chaque instant qu'il se produise quelque chose de grave. Beaucoup de parents se préoccupent de façon excessive de la sécurité de leur enfant et le confinent dans des systèmes restrictifs – lit à barreaux, parc, siège pour bébé, chaise haute, balançoire, trotteur… Combien d'enfants voit-on, à la maison, attachés dans une coque que l'on accroche au siège arrière de la voiture ou sur une poussette ? Ils sont ainsi transportés de-ci de-là sans pouvoir faire le moindre mouvement et sans le moindre contact physique.

Certes, il semble raisonnable de circonscrire l'espace de son enfant pour des raisons de sécurité, mais les parents doivent aussi comprendre que chaque heure passée sans pouvoir bouger dans un cosy est une occasion perdue. Si on lui avait laissé plus de liberté, le bébé aurait pu développer sa coordination et sa puissance musculaire, tout en étant stimulé sur le plan sensoriel par ce qu'il découvre avec ses mains. Si vous prenez bien soin de créer un environnement sûr pour les petits, vous pourrez laisser votre enfant se déplacer et explorer l'espace sans avoir à vous faire de souci.

Sécurité

Il existe de nombreux produits sur le marché qui permettent de sécuriser une maison. Voici tout de même quelques conseils :

- **Masquez toutes les prises électriques** qui sont à portée de votre enfant.
- **Installez des barrières de sécurité** pour sécuriser sa chambre, les escaliers et toutes les pièces où vous ne voulez pas qu'il aille (ou dont vous ne voulez pas qu'il sorte).
- **Fixez ou retirez tous les fils électriques** qui sont au niveau du sol ou dans n'importe quel endroit à sa portée.
- **Certaines plantes d'intérieur sont toxiques** lorsqu'elles sont ingérées. Retirez-les.
- **Retirez ou verrouillez les placards** dans lesquels vous rangez les produits chimiques, les outils, les fourchettes, les couteaux et tout ce qui peut être dangereux pour lui.
- **Verrouillez votre four** s'il est équipé d'un dispositif qui le permet. Tournez la queue des casseroles vers le mur quand vous cuisinez.
- **La salle de bains peut être un endroit dangereux** (en particulier les W-C, le sèche-cheveux, le rasoir et tout ce qui coupe). Veillez à ce qu'il ne risque rien s'il s'y aventure en dehors de votre surveillance et verrouillez en permanence les placards contenant des médicaments.

La chambre
idéale

Sa première chambre doit être bien organisée, mais plaisante.
Elle doit également être amusante à explorer, en toute sécurité.

Les éléments essentiels

Sa première chambre doit être lumineuse et colorée, propre et ordonnée.

Le bébé absorbe tout ce qui l'entoure. Il perçoit avec acuité les couleurs, les formes, les textures et les arômes. Lorsqu'on aménage la première chambre de son enfant, on a envie de lui créer un univers où tout est beau. Elle devra être lumineuse et colorée, propre et ordonnée. Observez la chambre avec l'œil d'un enfant en pensant à tout cela. Mettez-vous par terre. Que voyez-vous ? Qu'entendez-vous ? Les premières semaines et les premiers mois correspondent à une période où tout est nouveau pour le bébé, et ce qu'il ressent le marque pour toute sa vie. Vous rassemblerez donc dans cette pièce des éléments choisis pour leur qualité et leur beauté.

La stimulation visuelle À la naissance, le regard du bébé a tendance à se focaliser sur les objets relativement proches de lui. Mais il peut aussi voir et être stimulé par quelque chose qui se trouve plus loin, surtout si ce quelque chose bouge. D'instinct, le bébé remarque les visages humains et se concentre sur eux. Par votre présence et les échanges avec lui, vous le stimulez énormément sur le plan visuel. Au fil des jours, il va s'intéresser de plus en plus à ce qu'il voit autour de lui. Accrochez un mobile au-dessus de son lit et de sa table de change pour qu'il ait quelque chose à observer. Vous pouvez aussi en fabriquer un vous-même et rajouter de temps en temps des éléments pour qu'il ait quelque chose de nouveau à regarder.

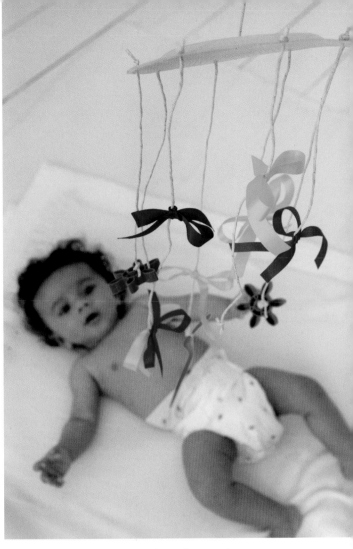

Tableaux

Décorez sa chambre avec des tableaux accrochés très bas sur les murs (à la hauteur de ses yeux quand il saura marcher). Évitez les images classiques de personnages de dessins animés ou de publicité. Optez plutôt pour des œuvres d'art encadrées ou des posters représentant de jolies scènes avec des enfants et des animaux. Dans la mesure où le bébé a une sensibilité accrue pendant ses premières années, il n'est pas inutile de lui montrer des œuvres d'art de qualité et de beaux objets.

L'importance de la musique

Aujourd'hui, beaucoup de parents comprennent l'intérêt qu'il y a à faire entendre de la bonne musique aux petits. La musique doit faire partie du quotidien de chaque enfant. Réservez un coin, hors de la portée de votre enfant, pour installer une chaîne hi-fi toute simple et une collection de disques ou de cassettes, et mettez-lui de la musique. Choisissez des mélodies simples, si possible jouées par des instruments faciles à distinguer, comme la flûte de Pan, la guitare sèche ou la harpe. Évitez de le stimuler de façon excessive en réglant le volume du son trop fort.

Premières impressions

Stimulez votre bébé sur le plan visuel en accrochant un mobile au-dessus de son lit ou de la table de change.

De jolis jouets

Les premiers mois, le bébé n'a pas besoin d'avoir trop de jouets en dehors de quelques hochets et d'un ou deux animaux en peluche. Puis vous allez certainement constater que votre bébé a besoin d'autre chose. Inutile d'acheter des jouets à pile très chers, surtout en dessous de trois ans. Préférez de beaux jouets bien faits qu'il pourra empiler, assembler ou utiliser comme bon lui semble. Évitez les jouets qui fonctionnent seuls, que l'enfant se contente de regarder. Si vous voulez qu'il soit actif, ne favorisez pas un comportement de spectateur passif.

Choisissez des jouets en bois bien faits plutôt que ceux en plastique que l'on trouve dans tous les magasins de jouets modernes. Rappelez-vous que votre bébé est dans une période de grande sensibilité où les impressions sensorielles sont très marquantes. Les jouets en plastique, plus ou moins solides et relativement bon

Un accès facile Installez-lui un lit ou un futon au niveau du sol pour qu'il soit plus libre de se déplacer dès qu'il en est capable.

Terrain de jeux Au lieu de laisser votre enfant confiné dans un parc, fermez sa chambre avec une barrière et laissez-le déambuler dans un espace beaucoup plus grand et bien plus intéressant.

marché, n'ont pas autant d'attrait que les beaux jouets en bois, et les enfants ont tendance à les manipuler avec moins de soin. L'objectif est, entre autres, de leur inculquer le sens des belles choses dès le plus jeune âge tout en leur apprenant à aimer l'ordre.

Plutôt que de les entasser dans un coffre, rangez correctement les jouets de votre enfant sur des étagères. Pour les jouets constitués de nombreuses petites pièces, optez pour des paniers.

Le lit d'enfant

Pour son premier lit, choisissez un lit d'enfant à barreaux ou, autre solution, installez un petit futon ou un matelas à même le sol. Celui-ci se trouvera à la bonne hauteur pour qu'il puisse monter et descendre en rampant quand il sera assez grand pour se déplacer. Explorer sa chambre en toute liberté – à condition qu'il n'y ait aucun danger – est bien plus intéressant que de rester confiné dans un lit à barreaux. La chambre entière devient alors un terrain de jeux – il vous suffit de placer une barrière en travers de la porte, de cacher toutes les prises électriques et de ne pas laisser n'importe quoi traîner dans la chambre. Au début, faites son lit avec des draps et une couverture. Ne lui donnez pas d'oreiller ni de couette avant l'âge d'un an.

Vous pouvez aussi remplacer la table de change par un futon recouvert d'une alèse et posé par terre. L'avantage, c'est que votre bébé ne risque pas de tomber par terre s'il gigote trop quand vous le changez.

Des jouets bien rangés Rangez-les sur des étagères de façon qu'il puisse les attraper facilement, plutôt que de les jeter en vrac dans un coffre à jouets.

Adaptez la maison à votre
tout-petit

Votre enfant est de plus en plus indépendant et actif ; faites-lui de la place pour ses activités dans toutes les pièces de vie.

> « Les jeunes enfants ont à la fois besoin et envie de vivre dans un univers ordonné. »

Spontanément, les jeunes enfants ont tendance à semer le désordre, mais ils ont aussi à la fois besoin et envie de vivre dans un univers ordonné. Essayez d'aménager les pièces dans lesquelles votre enfant passe le plus clair de son temps de telle sorte qu'il n'ait pas de mal à les garder bien rangées. Vous serez étonné de l'impact que cela peut avoir sur son développement.

Dans la salle de séjour

Salon, salle de séjour, salle de jeux – quel que soit le nom que vous donnez à la pièce, il y en a toujours une où la famille a l'habitude de se réunir. Aménagez la vôtre en fonction de votre tout-petit. Elle doit comporter des étagères accessibles où il pourra ranger ses livres et ses jouets correctement, mais de façon ludique. Évitez d'en sortir trop d'un coup. Répartissez les jouets en trois groupes : ses préférés, en permanence sur les étagères, et deux autres séries de jouets que vous sortirez du placard en les faisant alterner de façon régulière, par exemple tous les mois.

Prévoyez une petite table et de petites chaises pour qu'il soit bien installé. Les meubles doivent être à la bonne hauteur pour qu'il soit maintenu dans une bonne position quand il lit, écrit ou travaille. Ajoutez-y un panier contenant de petits tapis qu'il pourra dérouler pour délimiter son aire d'activité s'il préfère jouer par terre (voir page 83).

Une pièce accueillante Avec des étagères et des paniers facilement accessibles, l'enfant peut garder la pièce bien rangée.

Jeune cuistot Votre enfant sera mieux installé sur une table ou un plan de travail à sa taille pour jouer et vous aider à la cuisine.

Dans la cuisine

Dans la mesure du possible, faites de la place dans la cuisine dès que votre enfant atteint l'âge de deux ans pour qu'il puisse avoir un plan de travail à sa hauteur. Réservez-lui le dernier tiroir d'un meuble pour qu'il puisse ranger ses couverts, ainsi qu'une étagère pour ses bols, ses assiettes, ses verres et ses serviettes de table. Libérez la dernière étagère de votre réfrigérateur et rangez-y les boissons placées dans de petits brocs, les fruits et les ingrédients dont il peut avoir besoin pour un petit goûter. Utilisez des boîtes en plastique qui ne craignent rien pour ranger les différents aliments qu'il aime. Un enfant de deux ans est capable d'ouvrir le réfrigérateur et de sortir son goûter préalablement préparé ou une boisson qui a été versée dans une tasse. Un peu plus tard, il sera capable de se verser lui-même du jus de fruits à l'aide d'un broc et de se préparer lui-même son goûter (voir page 105). Les goûters préparés peuvent consister, par exemple, en un yaourt que vous aurez posé sur l'étagère qui lui est réservée.

Dans la salle de bains
Examinez votre salle de bains et réfléchissez à ce que vous pouvez faire pour que votre enfant prenne plus facilement ce dont il a besoin. Il doit pouvoir atteindre le lavabo, ouvrir le robinet et attraper sa brosse à dents et son dentifrice sans aide. Réservez-lui un endroit à sa portée pour accrocher sa serviette et son gant de toilette. Ne mettez pas dans la salle de bains un petit tabouret branlant qui n'offre aucune sécurité et n'est pas assez large pour lui. Achetez ou fabriquez plutôt un solide marchepied en bois de 15 à 20 centimètres de hauteur, qui s'adapte autour des toilettes et du lavabo.

Dans l'entrée
Elle doit aussi être accueillante pour les enfants. Installez un petit banc où votre enfant pourra ranger correctement ses petites chaussures, et prévoyez des patères à sa hauteur pour qu'il puisse accrocher et attraper ses vêtements tout seul.

Dans sa chambre
À deux ans, il peut continuer à dormir sur un futon ; vous pouvez aussi acheter un lit qui ne soit pas trop haut. Il aura ainsi la possibilité d'y monter ou d'en descendre tout seul facilement et en toute sécurité, ce qui lui donnera un sentiment d'indépendance. Dès l'âge d'un an, l'enfant peut dormir sous une couette ou dans un sac de couchage. Il pourra plus facilement faire son lit tout seul le matin s'il n'y a pas de draps ni de couverture.

Non seulement le mobilier doit être à sa taille, mais votre enfant doit pouvoir accéder aux poignées de porte et aux interrupteurs sans votre aide. Les interrupteurs peuvent être mis à sa portée grâce à des rallonges qui lui permettront d'allumer et d'éteindre tout seul – vous en trouverez dans la plupart des quincailleries.

L'aménagement de la chambre de votre enfant ne peut être planifié que jusqu'à un certain point ; sa chambre doit aussi refléter ses centres d'intérêt. Outre l'espace pour les jouets, installez-lui une petite table à dessin pour les activités non salissantes telles que le dessin ou la pâte à modeler. Fixez un panneau en liège au mur à sa hauteur pour qu'il puisse y accrocher ses œuvres. Il peut aussi les exposer sur de petites étagères ou de petites tables.

La musique doit faire partie de son quotidien. Installez-lui une chaîne stéréo toute simple et apprenez-lui petit à petit à s'en servir avec précaution et délicatesse. Vous aurez peut-être envie de fabriquer avec votre enfant une ville ou une ferme en

La bonne hauteur L'enfant doit pouvoir atteindre le lavabo, mais le marchepied doit être suffisamment grand et solide.

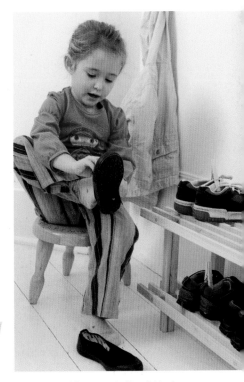

Une entrée bien rangée Pour l'aider à se préparer tout seul, installez des patères à sa hauteur, un petit banc et un petit tabouret.

Un univers bien ordonné

Quand chaque chose a une place définie, l'enfant peut facilement garder sa chambre rangée.

modèle réduit sur une planche de contreplaqué épais. Installez celle-ci sur une table basse de façon que votre enfant puisse créer des scènes extraordinaires avec des personnages en bois ou en plastique.

Évitez le désordre. Trouvez des rangements appropriés pour les jouets qui comportent plusieurs pièces – par exemple des boîtes en plastique avec un couvercle ou de petits paniers. Regardez comment sont organisées les étagères d'une salle de classe Montessori (voir pages 18-21) et essayez de faire la même chose. Rangez les pièces de construction dans un solide sac en toile coloré muni de poignées. Quand vous partez en voyage, il suffit d'emporter le sac.

La chambre en détail

Rangements ouverts Les petits paniers sont idéals pour ranger les jouets qui comportent de nombreuses petites pièces. L'enfant peut les ranger tout seul.

Boîte à crayons Veillez à ce que ses crayons soient toujours taillés et rangez-les dans une boîte facile à attraper et à transporter.

Musée miniature Gardez-lui un coin pour qu'il puisse exposer tous les trésors qu'il trouve dans la nature.

Paniers Pour ranger ses chaussettes et ses sous-vêtements, utilisez des paniers posés sur des étagères basses plutôt qu'une commode.

Étagères basses Rangez les jouets avec lesquels il joue sur des étagères basses, en prévoyant un système de rotation avec les autres de façon qu'il ne puisse pas avoir tous ses jouets en même temps.

Portemanteau Installez un portemanteau assez bas de façon que votre enfant puisse facilement accrocher et décrocher tout seul son manteau, son bonnet et sa robe de chambre.

Un coin pour les arts plastiques

La plupart des parents essaient de stimuler la créativité de leur enfant. Quand on a un jeune enfant à la maison, on s'arrange pour lui réserver un endroit pour les arts plastiques. Cela peut être un coin dans la cuisine, dans sa chambre ou dans un couloir – bref, n'importe où pourvu que vous n'ayez pas peur de le voir manipuler du matériel (peintures, pastels, etc.) qu'il peut renverser et qui peut tacher. Vous choisirez donc plutôt un coin avec un sol en carrelage pour pouvoir le nettoyer facilement. Sinon, étalez une grande feuille de plastique par terre.

Très pratique : le chevalet pour peindre et la table recouverte de toile cirée pour le dessin, les travaux manuels et le modelage. Installez-lui un meuble à sa hauteur pour stocker ses fournitures, ses pinceaux, son papier, etc.

Peinture Après avoir enfilé son tablier en plastique, Théo étale un journal et verse la peinture dans des pots à large ouverture.

Papier Il lui a fallu un peu d'entraînement, mais Théo est maintenant capable d'accrocher une feuille de papier sur son chevalet avec une pince.

Pots Théo égoutte son pinceau et essuie l'excédent de peinture sur le rebord du pot avant de commencer.

Vous pouvez aussi prévoir un cintre pour qu'il puisse faire sécher ses dessins accrochés par des pinces à linge. Une fois que vous aurez installé son coin arts plastiques, montrez-lui comment s'y prendre en procédant toujours de la même façon pour commencer et pour tout ranger une fois qu'il a fini.

Les fournitures peuvent être correctement rangées dans des boîtes en plastique distinctes. En fonction de l'âge de votre enfant, ces fournitures comprendront des feutres magiques à l'encre lavable, des crayons de couleur, de la colle, du papier,

Exposition d'art

Incitez votre enfant à montrer son travail terminé à toute la famille. Le réfrigérateur est généralement un lieu d'affichage très prisé, mais vous pouvez aussi acheter de temps à autre de jolis cadres ou supports. Aidez votre enfant à mettre en valeur ses œuvres et à les accrocher dans différents endroits de la maison. Une fois bien placée dans un cadre ou sur un support, une œuvre d'enfant peut prendre un aspect différent et attirer le regard d'une autre manière.

Débuts prometteurs « C'est la maison où on va en vacances », explique Théo à sa maman alors qu'il peint. Une fois qu'il a terminé, il accroche son œuvre avec des pinces à linge sur un cintre, il remet les couvercles sur les pots et il rince ses pinceaux.

des morceaux de tissu et des emballages recyclés pour faire des collages. Pour garder la peinture a tempera liquide entre deux utilisations, stockez-la dans des récipients en plastique munis d'un couvercle. Ne négligez pas la qualité des fournitures d'arts plastiques que vous donnez à votre enfant – peinture, pinceaux, crayons de papier, crayons de couleur, papier, etc. ; apprenez-lui à les utiliser correctement et à en prendre soin, ainsi qu'à les ranger soigneusement quand il ne s'en sert pas.

IDÉE

Observez votre enfant et accompagnez-le

En tant que parents, nous ressentons souvent le besoin de diriger nos enfants. Or Maria Montessori pensait qu'il valait mieux les accompagner.

Prenez des notes Tenez un journal de ses activités et de ses exploits.

Combien de temps passez-vous à observer votre enfant ? Je dis bien à l'observer, pas à le regarder distraitement en faisant autre chose. L'observer en concentrant toute votre attention sur lui pendant un bon moment. Pour appliquer les principes de la méthode Montessori chez soi, rien de tel que d'observer ce que l'enfant regarde, ce qu'il dit et ce qu'il fait. Les enfants ont beaucoup à nous apprendre sur leurs besoins et leurs centres d'intérêt ; il suffit de prendre le temps de leur accorder notre attention.

Comment l'observer
Vous pouvez éventuellement tenir un journal dans lequel vous inscrirez vos observations. Gardez régulièrement un peu de temps pour observer votre enfant. Asseyez-vous confortablement près de lui de manière à bien le voir et l'entendre ainsi que ceux avec lesquels il joue. Prenez de temps en temps des notes sur ce que vous voyez – elles vous permettront de garder une trace intéressante de son comportement à différents âges et vous aideront à repérer l'émergence d'un type de comportement particulier à un moment donné. Essayez d'interpréter la signification de son comportement. Quand vous voyez qu'il est fasciné par quelque chose de nouveau, réfléchissez aux activités que vous pourriez lui proposer pour nourrir sa curiosité.

Que faut-il observer ? La

seule chose dont vous pouvez être sûr avec un enfant, c'est que, de jour en jour, il va affirmer ses préférences, témoigner de la curiosité pour certaines choses et acquérir des compétences, tout cela de façon totalement imprévisible. Chaque fois que vous observez le vôtre, essayez d'oublier les expériences passées et la manière dont elles ont été vécues pour vous concentrer sur l'instant présent.

Quand il joue, notez quels jouets il choisit. Comment les utilise-t-il ? A-t-il tendance à jouer tout seul ou avec d'autres enfants ? A-t-il ses habitudes ? Observez sa façon de se déplacer dans la maison – avec calme et douceur ou bien avec fracas ? Préfère-t-il une pièce de la maison en particulier ? Qu'est-ce qui semble l'attirer dans cette pièce ?

À table, notez ce qu'il aime le plus. Sait-il boire sans rien renverser et se servir correctement d'une fourchette, d'un couteau et d'une cuillère, en coordonnant bien la vue et le geste ? Comment se comporte-t-il au moment des repas ? Est-ce un moment où il aime parler de sa journée ?

Quand vous l'observez, réfléchissez bien avant d'intervenir dans ce qu'il fait. Votre objectif est d'apprendre quelque chose en le regardant faire, pas de l'empêcher de bouger ou de le reprendre.

Départ en mission Observez la façon dont il se déplace dans la maison – avec calme et douceur ou au contraire avec fracas

CHAPITRE
DEUX

Les sens au service de la découverte

IDÉE

Développer ses perceptions sensorielles

Selon un vieil adage, l'enfant apprend en faisant l'expérience des choses. C'est exactement ce que disait Maria Montessori.

> « Il faut inciter les tout-petits à se concentrer plus attentivement sur le monde physique. »

Nous avons déjà vu comment les bébés entraient en contact dès la naissance avec le monde qui les entoure par le biais de leurs sens. Maria Montessori pensait qu'il fallait se servir de cette faculté et inciter les bébés et les tout-petits à se concentrer plus attentivement sur le monde physique en explorant avec chacun de leurs sens – vue, ouïe, goût, toucher et odorat – les changements infimes que présentent des séries particulières d'objets. On peut tout à fait développer la sensibilité d'un enfant en faisant appel à ses sens, soit en attirant son attention sur certaines choses de la vie quotidienne, soit par le biais d'activités sensorielles spécifiques.

Stimuler l'activité du cerveau

Entre la naissance et l'âge de six ans, les exercices destinés à développer sa sensibilité sont particulièrement intéressants, car c'est la période durant laquelle le système nerveux mûrit. Lorsqu'on stimule ses sens en l'amenant à remarquer et à différencier les caractéristiques de différents objets, son système nerveux envoie des signaux au cerveau et inversement. Plus ces signaux sont fréquents, plus la transmission de l'influx nerveux s'améliore, dans la mesure où le cerveau est fortement stimulé, ce qui est essentiel à son bon fonctionnement. Pour apprendre plus tard à apprendre (c'est-à-dire assimiler, intégrer et appliquer des connaissances), il faut que le cerveau ait été correctement « câblé » dès le plus jeune âge.

Un parcours de découverte
En apprenant à faire des puzzles
simples, l'enfant se spatialise.

Des odeurs simples Incitez-le à
jouir des plaisirs sensoriels que lui
offre le monde qui l'entoure.

Comment le bébé entre en contact
avec son univers

Pendant les premiers mois, le bébé regarde, écoute, saisit, goûte et sent avec de plus en plus d'intensité tout ce qui se trouve dans son univers.

« L'éducation sensorielle de votre enfant commence dès sa naissance, quand vous le prenez dans vos bras pour la première fois. »

L'éducation sensorielle de votre enfant commence dès sa naissance, quand vous le prenez dans vos bras pour la première fois et que vous le serrez contre vous. Ses expériences sensorielles se poursuivent avec l'odeur de votre peau, avec le contact du tissu contre sa peau douce et avec le goût des premiers aliments solides qu'il mange.

Pendant les premières années de leur vie, les petits sont de fins observateurs. Tout ce qu'ils voient leur laisse une impression qui stimule le cerveau et le système nerveux et qui influe sur le sentiment de sécurité qu'ils auront.

Un œil vif Préparer sa maison à accueillir un bébé consiste, entre autres, à choisir des objets qui vont le stimuler sur le plan visuel. Il n'est donc pas inintéressant de comprendre comment la vue se développe chez le bébé.

À la naissance, et pendant environ un mois, le regard du bébé a tendance à se concentrer sur les objets qui se trouvent à environ trente centimètres de lui. En observant votre enfant de près, vous verrez que son regard est mobile et qu'il lui arrive même de loucher. Parmi tout ce qu'il voit, ce sont les visages qui le font le plus réagir, surtout ceux de ses parents et des personnes qui s'occupent de lui. Il ne remarque pas les différences infimes de couleur ou de ton ; il semble prêter davantage attention à tout ce qui comporte des motifs précis, très contrastés, en particulier tout ce qui est noir et blanc.

Premières sensations

Le début de l'éducation sensorielle,
c'est toucher, entendre et sentir maman.

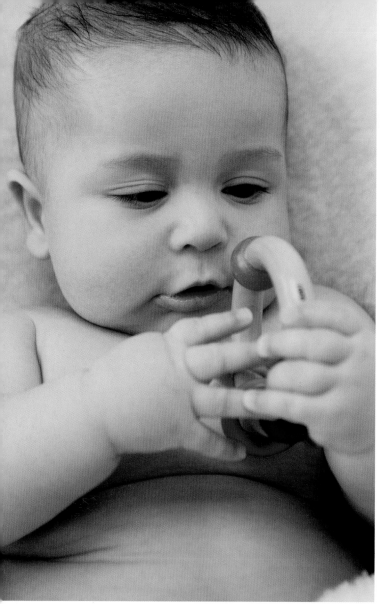

Apprendre en regardant

Dès les premiers mois, le bébé est tout à fait capable d'explorer un objet avec ses yeux et ses mains.

Vers l'âge de trois mois, le bébé commence à se concentrer sur des choses plus éloignées de lui. Il regarde les visages de façon délibérée. Il reconnaît maintenant à une certaine distance les personnes de son entourage et les objets. Il commence à attraper des objets qu'il voit. Vers l'âge de sept mois, il voit toutes les couleurs, et sa vision de loin est assez développée. Il n'a pas de mal à suivre du regard des objets en mouvement.

On peut favoriser le développement de la perception visuelle chez l'enfant de différentes façons. Parlez-lui, et pendant que vous lui parlez, regardez-le droit dans les yeux et voyez comment il réagit. Regardez des choses ensemble et parlez-lui de ce que vous voyez. Les mobiles, en tournant lentement, offrent le spectacle sans cesse renouvelé d'objets en mouvement. Vous pouvez en installer deux ou trois dans la maison et les interchanger de temps à autre pour qu'il s'y intéresse et prenne plaisir à voir quelque chose de nouveau.

L'importance de la musique Écouter de la musique est une expérience sensorielle importante. Il existe différentes façons d'initier le bébé à la musique. Certains parents commencent par leur faire entendre des enregistrements pendant la grossesse, partant du principe que, lorsqu'il est dans le ventre de sa mère, le bébé perçoit les sons et les rythmes de la même façon que nous les percevons sous l'eau. Au cours des premières années de vie, le bébé ou le tout-petit qui entend de la musique enregistre et stocke cette expérience, qui va le stimuler au

« Le bébé utilise ses mains, ses yeux, ses oreilles, sa bouche et son nez pour examiner tout ce qu'il trouve sur son chemin. »

même titre que tout ce qui l'entoure. Parlez-lui et chantez-lui des chansons dès la naissance. Les mélodies et les comptines jouent un rôle important et vont s'ancrer profondément dans ses souvenirs de petite enfance. Le son et le rythme de la musique que vous lui faites écouter dans sa chambre, ainsi que les paroles des chansons qu'il apprendra plus tard poseront les bases de son éducation musicale.

Il est également prouvé que la musique est directement liée aux régions du cerveau associées aux mathématiques et à l'identification de modèles. Autrement dit, la musique ne permet pas seulement de développer la sensibilité artistique de l'enfant. Elle contribue aussi au développement de son cerveau.

De la main à la bouche
Dès la première tétée, la bouche du bébé est un moyen d'exploration et une source de plaisir. Sevrer son bébé, ce n'est pas simplement passer à une alimentation solide – chaque nouvel aliment suscite intérêt et excitation, car il donne l'occasion au bébé de découvrir un nouveau goût et une nouvelle texture. En grandissant, il attrape tout ce qui est à sa portée pour le mettre dans sa bouche.

Le juste milieu
Très vite, le bébé est capable de saisir un objet et d'évaluer son poids, sa texture et sa température. Il utilise ses mains, ses yeux, ses oreilles, sa bouche et son nez pour examiner tout ce qu'il trouve sur son chemin. Vers l'âge d'un an, il devient extrêmement curieux ; il est capable de se concentrer pour regarder ou examiner avec beaucoup de patience quelque chose qui retient son attention.

Stimuler son enfant de façon insuffisante ou excessive n'est pas bon. Le bébé est tout à fait capable de nous faire comprendre ce qu'il ressent. Un excès de stimulation peut finir par le stresser et lui donner envie de dormir. Mais il peut aussi avoir envie de dormir par manque de stimulation. L'idéal, c'est de trouver le juste milieu entre les deux.

C'est drôlement bon ! À six mois, il porte à sa bouche tout ce qui passe à portée de sa main.

ACTIVITÉ

Le panier à
trésors

Votre bébé vit dans un univers magique d'objets
qui ne demandent qu'à être découverts.

Dès qu'il sera capable de s'asseoir et de tenir des choses entre ses mains, votre bébé
adorera fouiller dans un « panier à trésors ». Prenez tout simplement un panier pas trop
haut, ou une boîte solide, et remplissez-le de toutes sortes d'objets ménagers intéressants
ou de choses ramassées dans la nature. Ces objets doivent être assez gros pour qu'il ne
risque pas de les avaler, ne pas comporter d'arêtes vives, ne présenter aucun risque
quand il les touchera ou les mettra dans sa bouche. Même plus grands, les enfants
continuent à adorer les paniers à trésors – il suffit d'y ajouter des nouveautés.

Qu'est-ce qu'il y a là-dedans ? Un panier à trésors doit susciter
l'émerveillement, la surprise et l'attente. Rassemblez entre cinquante et cent objets
présentant des caractéristiques différentes – forme, couleur, texture, poids et odeur.
Faites appel à votre imagination et à votre bon sens. Mettez-y, par exemple, une
petite trousse, une grosse coquille de noix, une pomme de pin, une brosse, une
plume, une clochette en argent, ou encore une pierre lisse. Contrairement aux
adultes qui ont tendance à se servir plutôt de leur vue, les bébés et les tout-petits
utilisent tous leurs sens. Les objets qui ont un motif, une texture ou un arôme
particuliers, qui sont froids au toucher (comme la pierre) ou qui font un bruit
lorsqu'on les secoue exciteront particulièrement sa curiosité. Pour un jeune enfant,
tous ces objets sont nouveaux et excitants.

Trésors cachés Les trésors qu'il découvre dans son panier le fascinent. Il y reviendra inlassablement.

Idées de trésors

- **métal :** bouchon d'évier avec sa chaîne, clochette, cuillère, petit fouet
- **nature :** pomme de pin, éponge, noyau d'avocat, plume, gros galet, coquillage
- **bois :** cuillère, œuf en bois, pinceau à pâtisserie, pince à linge, pièce de jeu de construction, brosse à chaussures
- **verre :** coquetier, pot à épices, salière, petit presse-papiers, perles enfilées
- **tissu et cuir :** rubans de satin et de velours, pelote de laine, petit porte-monnaie, foulard en soie, pompon, porte-clés

À éviter

- petits objets qui présentent un risque d'étouffement • objets ayant des arêtes tranchantes • objets comportant des perles ou des éléments que l'enfant peut détacher
- tout ce qui est dangereux si l'enfant le porte à sa bouche
- teintures non fixées

Un examen attentif Parmi tous les objets, il y en a peut-être un qui va attirer plus particulièrement son attention et devenir très précieux à ses yeux ; il le ressortira régulièrement pour l'examiner en détail et cherchera ce qu'il peut en faire.

Le panier à trésors va occuper votre enfant de longs moments. Chez le bébé, il ne faut pas oublier que cette activité est très stimulante ; il vaut donc mieux la lui proposer quand il est reposé et bien réveillé. Lorsque vous présentez le panier pour la première fois à votre enfant, ne dites rien – contentez-vous de choisir un objet, de l'examiner soigneusement et de le remettre dans le panier. Il le reprendra dès que vous l'aurez posé, ou bien il en choisira un autre complètement différent, mais il faut qu'il explore son panier tout seul. Si les enfants apprécient notre présence à leurs côtés, ils n'ont pas toujours envie que nous intervenions.

GOÛTER Depuis la naissance, il prend un grand plaisir à sucer les choses. Par conséquent, attendez-vous qu'il porte à sa bouche tout ce qu'il y a dans son panier. Si les objets sont propres et sans danger, laissez-le faire – c'est à lui de décider s'ils ont bon goût ou pas.

REGARDER Les premiers jours de sa vie, il avait besoin de contrastes importants car sa vue n'était pas encore au point, mais aujourd'hui, il est capable d'apprécier les couleurs naturelles, les tons subtils et les associations de formes. Un simple objet ménager comme un pinceau à pâtisserie peut l'intéresser énormément.

ÉCOUTER Des graines enfermées dans des bocaux ou de petites bouteilles produisent des sons intéressants, tout comme les clochettes ou du papier qui craque à l'intérieur d'un sac. Les chaînes ou les colliers de perles résonnent quand on les cogne contre autre chose et produisent des sons quand on les agite.

TOUCHER Tout ce qui a une texture ou un motif particuliers, par exemple une pomme de pin, l'intrigue spécialement. Les objets en verre et les galets bien lisses sont intéressants, parce que froids au toucher, contrairement aux jouets en plastique, qui laissent tous la même sensation.

EXPLORER Une fois qu'il a épuisé toutes les ressources de son panier, il lui reste encore le panier lui-même à découvrir. Il se peut qu'il passe vingt à trente minutes à explorer son contenu ; quoi qu'il en soit, c'est à lui de décider s'il a assez joué.

SENTIR Son odorat est extrêmement développé, aussi apprécie-t-il de trouver différentes odeurs dans son panier : sacs remplis d'herbes aromatiques, sachets de lavande, citron, ou bonbons parfumés, gousses de vanille, grains de café à l'intérieur d'une salière, etc.

Des activités sensorielles pour
l'aider à apprendre

Les exercices visant à développer les aptitudes sensorielles de l'enfant l'aident
à apprécier pleinement son univers, faculté qu'il conservera toute sa vie.

« Les enfants
apprécient
ces jeux
parce qu'ils sont
suffisamment
difficiles pour
constituer un défi
intéressant. »

Il est important de continuer à éduquer les sens des petits. Je ne pense pas qu'un
entraînement spécifique puisse accroître leurs facultés sur le plan physiologique,
mais je crois que nous pouvons les aider à apprendre à voir, entendre, toucher,
goûter ou sentir en prenant davantage conscience de ce qu'ils ressentent. Dans une
école Montessori, une partie du programme est consacrée au développement des
aptitudes sensorielles.

Au niveau le plus facile, les exercices consistent à demander à l'enfant de repérer
des paires d'objets identiques qui ne se différencient que par un élément, par exemple
la hauteur, la longueur ou la largeur. On peut aussi lui demander de former des
paires sur un critère particulier : poids, arôme, goût, température ou son. À un
niveau plus avancé, on demande aux enfants d'ordonner des séries d'objets en
fonction de la variation d'une caractéristique – longueur, hauteur, ton, forme, etc.

Les enfants apprécient ces jeux parce qu'ils sont suffisamment difficiles pour
constituer un défi intéressant. Ce sont aussi de bonnes leçons de vocabulaire, car ils
apprennent tous les noms, des formes géométriques aux animaux en passant par les
plantes. En prenant l'habitude de nommer correctement les choses, les objets en
eux-mêmes acquièrent une nouvelle signification.

Les activités présentées dans ce chapitre sont plus simples que celles qui sont
proposées dans les écoles Montessori, mais elles reprennent les mêmes principes. La
plupart des objets utilisés peuvent être fabriqués à la maison ou achetés dans les
magasins spécialisés (voir page 188).

Guitariste en herbe
En grattant et en frappant les cordes de la guitare, Zoé fait l'expérience des différents sons produits.

Couleurs Trier des boutons par couleurs est une activité stimulante à la fois pour la vue et pour le toucher.

Méli-mélo de boutons Vous pouvez faire varier la difficulté en ajoutant des boutons de tailles et de formes différentes, ou fabriqués dans des matériaux différents (corne, bois ou métal).

Couleur, forme et taille

Beaucoup d'activités font essentiellement appel à la vue, mais l'enfant devra utiliser simultanément ses autres sens.

Trier des objets (2-5 ans)

Trier des objets en fonction de leur forme, de leur taille, de leur couleur et autres caractéristiques physiques est une activité extraordinaire. Elle oblige en effet le jeune enfant à se concentrer et à faire des choix logiques. Pour cette activité, rassemblez plusieurs versions d'un objet intéressant, de différentes formes, couleurs et tailles. Soyez prudent avec les petits objets, car le tout-petit risque de les avaler ou de se les mettre dans les narines ou les oreilles.

Exemple intéressant : trier des boutons. Achetez des boutons dans une mercerie ou choisissez dans votre boîte à couture plusieurs séries d'au moins quatre boutons identiques. Mélangez-les dans un saladier et montrez à votre enfant comment faire. Il doit choisir un bouton, le mettre dans un bol et trouver ensuite chacun des boutons identiques à celui-ci.

Pas à pas : la tour de cubes roses

UN Installée sur un petit tapis, Ilona cherche le plus gros cube.

DEUX Après plusieurs tentatives, elle place le plus gros cube en premier.

TROIS Elle cherche ensuite le cube d'une taille inférieure.

QUATRE En peu de temps, elle voit sa tour se construire.

CINQ Avec d'infinies précautions, elle place les cubes de plus en plus petits en haut de la tour.

SIX Enfin, Ilona pose le plus petit cube, sa tour est terminée.

Empiler des cubes (18 mois-3 ans)

Empiler des cubes en bois de taille décroissante est une activité intéressante pour développer la sensibilité du jeune enfant sur le plan visuel. Dans les écoles Montessori, elle est baptisée « Tour rose ». Pour la maison, vous pouvez acheter des briques en bois de différentes tailles ou des godets qui s'emboîtent les uns dans les autres pour former une tour de la même façon.

Puzzle en bois Choisissez des puzzles avec des pièces de forme simple munies d'un petit bouton pour les soulever.

Empiler des formes géométriques (2-4 ans)

Il existe plusieurs versions de ce jeu. La plupart du temps, il se compose d'un ou de plusieurs axes et de séries de pièces. Une fois les pièces retirées de leur axe, la difficulté consiste à trouver celles qui se ressemblent : carrés, octogones et cercles, par exemple. À l'intérieur de chaque série, l'enfant doit chercher la plus grosse pièce et l'enfiler dans l'axe la première. Il continue ainsi jusqu'à ce que toutes les pièces d'une même série aient été posées. S'il fait une erreur, il s'en rend compte de lui-même parce qu'une grosse pièce placée sur une petite ne tient pas bien et l'ensemble paraît bancal.

Puzzles simples (2-5 ans)

Les puzzles simples ont fait leurs preuves depuis longtemps auprès des petits. Choisissez toujours des puzzles en bois représentant quelque chose d'intéressant. Évitez ceux en carton et ceux qui n'ont pas un emplacement par pièce. Au-dessous de quatre ans, préférez ceux dont les pièces sont munies d'un bouton.

Associer des feuilles de couleur (3-5 ans)

Dans les écoles Montessori, les enfants utilisent des jeux de tablettes en bois peintes de différentes couleurs pour apprendre à distinguer les couleurs primaires des couleurs secondaires, tout en apprenant les mots désignant chaque couleur et chaque ton. Vous pouvez reproduire ce jeu chez vous avec des feuilles de couleur achetées dans un magasin de loisirs créatifs.

Composez une série de feuilles de couleurs différentes. Chaque feuille doit avoir la même taille que les autres ; seule la couleur diffère. Pour les plus petits, commencez avec six feuilles, deux jaunes, deux rouges et deux bleues. Demandez à votre enfant d'associer les paires et apprenez-lui le nom de chacune des couleurs primaires.

Une fois qu'il est capable de le faire, créez une deuxième série de onze paires dans des couleurs et des tons primaires et secondaires : jaune, rouge, bleu, vert, orange, violet, rose, marron, gris, blanc et noir. Demandez-lui de les associer en les nommant. Pour augmenter la difficulté, présentez-lui une troisième série contenant sept tons différents dans chacune des neuf couleurs (jaune, rouge, bleu, vert, orange, violet, rose, marron, gris). Il devra les trier du plus clair au plus sombre. Une fois étalées par terre, toutes ces couleurs offrent un spectacle magnifique.

ous pouvez accroître la difficulté de cette activité de différentes façons. Par
xemple, demandez à votre enfant de trouver la feuille dont la couleur est la plus
roche de quelque chose qui se trouve dans la pièce. Vous pouvez aussi lui
ontrer une couleur de la troisième série et lui demander de retrouver de mémoire
 feuille qui se situe un ton juste au-dessus ou juste au-dessous. Troisième
ossibilité, avec un enfant plus âgé : apprenez-lui à créer des tons plus clairs ou
lus foncés en ajoutant de la peinture blanche ou noire à une couleur existante.
n commençant par la couleur pure et en ajoutant de plus en plus de blanc, il
réera une palette, allant du plus foncé au plus clair, qui ressemblera aux feuilles
e couleur.

eu de concentration (3-5 ans)

e jeu favorise le développement de la mémoire visuelle et l'aptitude à identifier
s modèles. Il en existe différentes versions dans les magasins de jouets, mais vous
ouvez aussi le fabriquer vous-même. Découpez seize morceaux de carton mince
e la taille d'une carte à jouer. Dessinez ou découpez huit formes géométriques
 ou images d'animaux – à raison de deux exemplaires
ar forme. Collez une forme ou image par carte. Vous
vez maintenant seize cartes de taille identique,
omprenant huit paires différentes.

Former des paires En cherchant à se souvenir où se trouvent les deux cartes d'une même paire, il exerce sa mémoire et sa concentration.

Pour jouer, mélangez les cartes et disposez-les à
'envers en carré de quatre rangées, chaque rangée étant
onstituée de quatre cartes. Le premier joueur retourne
eux cartes, une par une. Si elles forment une paire, il la
arde pour lui. Sinon, il les repose à l'envers à leur place.
.es joueurs suivants doivent essayer de se souvenir de
'emplacement des cartes qu'ils ont vues. Ils ont ainsi
lus de chances de trouver une paire quand vient leur
our. Le jeu continue jusqu'à ce que toutes les paires
ient été formées.

Quand votre enfant aura fait des progrès à ce jeu,
réez de nouvelles séries avec des formes ou images
ifférentes. Vous pouvez augmenter la difficulté en
joutant des paires et en ne les disposant pas par
angées.

Pluie de haricots Les haricots secs font un bruit en retombant dans le saladier.

Les sons

Au fur et à mesure qu'il grandit et que son ouïe s'affine, l'enfant apprend à distinguer différents sons entre eux et à trouver la provenance d'un son particulier.

Haricots secs (18 mois-4 ans)

Prenez un grand saladier lourd et remplissez-le à moitié de haricots secs. Choisissez plutôt des cocos, qui font un joli bruit et qui sont assez gros pour que votre enfant ne se les mette pas dans le nez ou dans les oreilles. Donnez-lui une petite louche et montrez-lui comment prendre quelques haricots avant de les reverser en pluie dans le saladier. S'il est vraiment petit, laissez-le jouer avec les haricots. Le bruit qu'ils font quand il plonge ses mains dedans est intéressant. S'il en renverse à côté, montrez-lui comment les remettre dans le saladier. Ne soyez pas étonné s'il met des haricots partout au début. Il suffit de lui montrer avec patience et gentillesse comment les ramasser.

Associer des clochettes (2-5 ans)

Pour cette activité, vous aurez besoin d'au moins huit paires de clochettes, chaque paire produisant le même son. Comme les clochettes risquent d'être différentes les unes des autres, demandez à votre enfant de fermer les yeux ou mettez-lui un bandeau. Vous trouverez deux sortes de clochettes : certaines sont munies de poignées, d'autres sont fixées sur un support (vêtement ou harnais de cheval, par exemple). Ces dernières sont difficiles à utiliser pour les petits, parce qu'ils assourdissent leur son avec leurs mains en les tenant. Pour résoudre le problème, attachez la clochette à un ruban. En prenant celle-ci par le ruban d'une main, il peut la secouer ou la frapper de l'autre main pour la faire sonner.

Les cloches sonnent Reconnaître les différents sons produits par des clochettes est un bon exercice pour l'oreille.

L'enfant doit d'abord faire sonner une clochette et la reposer. Il en prend ensuite une autre et la fait sonner pour voir si elle produit le même son. Il voudra sans doute refaire sonner la première pour se rafraîchir la mémoire. Si les deux ne vont pas ensemble, il en prend une autre et cherche si elle a le même son que l'une d'entre elles. Quand il trouve la bonne cloche, il peut mettre de côté la paire ainsi formée. Il en choisit ensuite une autre et continue jusqu'à ce qu'il ait associé toutes les paires de clochettes.

Associer des sons Demandez à votre enfant d'essayer d'associer des paires de sons produits par des récipients remplis de différentes choses.

Les boîtes à sons (3-6 ans)

Vous pouvez proposer un autre exercice à votre enfant pour développer son aptitude à différencier des sons. Pour cela, il vous faut une série de boîtes à sons. N'importe quel récipient en bois ou en plastique fera l'affaire à condition d'être suffisamment opaque pour qu'on ne puisse pas voir ce qu'il y a à l'intérieur et de produire un son clair quand on l'agite une fois rempli. Vous pouvez aussi utiliser de petits pots en verre (comme ceux qui contiennent les aliments pour bébé) dont vous aurez peint l'intérieur ou que vous aurez tapissés de papier de couleur pour les rendre opaques.

Peignez six récipients d'une même couleur, et six autres d'une autre couleur. Remplissez-les par paires (un récipient de chaque couleur) avec quelque chose qui produit un son intéressant quand on les secoue (haricots secs, pois chiches, riz, sable). L'enfant doit ensuite essayer de retrouver chaque paire produisant le même son. Dans les écoles Montessori, chaque série de six boîtes à sons d'une même couleur est rangée dans une boîte dont le couvercle est peint de cette couleur.

Le jeu du silence (2-6 ans)

Aujourd'hui, les gens ne savent quasiment plus ce qu'est le silence. Il n'y a donc pas de plus beau cadeau à faire à un enfant que de l'aider à découvrir la beauté du silence. Lorsque tout est silencieux, on peut entendre ses propres pensées et prendre davantage conscience du monde qui nous entoure.

Le jeu du silence est destiné à aider les enfants à développer leur sens de l'autodiscipline et à mieux prendre conscience des sons environnants, auxquels la plupart d'entre nous ne prêtent même plus attention. Pour commencer ce jeu, vous devez attirer l'attention des enfants soit en agitant une clochette, soit en faisant un signe de la main. Les enfants doivent alors interrompre leur activité, s'asseoir, fermer les yeux et rester totalement immobiles. Ils doivent rester ainsi jusqu'à ce qu'ils vous entendent murmurer leur nom. Chaque fois qu'un enfant entend son nom, il doit se lever en silence et se mettre à côté de vous. Vous pouvez leur proposer une variante de ce jeu ; elle a pour but de leur apprendre à se déplacer rapidement et avec précaution : ils doivent traverser la pièce avec une clochette à la main sans la faire sonner.

Au début, les jeunes enfants ont du mal à rester immobiles et silencieux plus de trente secondes, mais, petit à petit, ils apprennent à se détendre, à écouter et à apprécier le silence. Si votre enfant aime ce jeu, faites-en un rituel quotidien. Autre variante : la visualisation assistée. L'enfant ferme les yeux et vous lui décrivez une scène qu'il doit imaginer : « Maintenant nous descendons vers le ruisseau. Nous trempons le bout du pied. Ouh, là, là ! l'eau est froide ! »

« Petit à petit, les enfants apprennent à se détendre, à écouter et à apprécier le silence. »

Écouter de la musique (18 mois-6 ans)

Au fur et à mesure que votre enfant grandit, la gamme des jeux musicaux s'élargit. Chantez ou chantonnez lèvres fermées en même temps que la musique pour l'inciter à en faire autant. Tapez dans vos mains en rythme et dansez comme vous voulez, en vous déhanchant, en tournant sur vous-même, ou en faisant les mouvements que vous inspire la musique.

Commencez à apprendre à votre enfant à reconnaître les instruments de musique dans un morceau particulier ; apprenez-lui aussi le nom du morceau – il pourra vous dire : « Maman, il y a *Le Lac des cygnes* à la radio ! » – voire le nom du compositeur. Mettez divers instruments de musique à sa disposition – maracas, xylophone, batterie, guitare – et incitez-le à chanter quand il entend ses musiques préférées.

Dites-vous bien que votre enfant est dans une période de sensibilité à la musique et qu'il a spontanément envie de produire des notes, des rythmes et des mélodies. Les parents qui sont doués pour la musique et qui jouent de la musique à la maison devant leur enfant ont de grandes chances d'avoir des enfants doués à leur tour. Les enseignants de la méthode Suzuki démontrent également depuis plusieurs années que les enfants peuvent apprendre à jouer d'un instrument comme le piano ou le violon avant l'âge de quatre ans.

En musique Incitez votre enfant à écouter différentes musiques, à taper dans ses mains, danser, chanter.

Le toucher

On peut développer la sensibilité tactile des enfants de différentes manières. Vous avez commencé avec le panier à trésors (voir pages 56-59) quand votre enfant était tout petit. Ses sens s'affinant, il est maintenant prêt à passer à des activités plus difficiles.

Associations de textures (2-5 ans)

Ce jeu est idéal pour aider l'enfant à développer son sens du toucher. Il se compose d'une série de deux petites tablettes ou de carrés en bois ; chaque paire est recouverte de la même texture : tissu, Velcro, sable, laine, vernis, etc. Les yeux fermés ou bandés, l'enfant doit essayer de « voir » avec le bout de ses doigts et de former des paires en réunissant les deux carrés recouverts de la même matière.

Associations de tissus (2-5 ans)

C'est une variante du jeu précédent. Pour y jouer, il faut un panier rempli de carrés découpés dans différents tissus : soie, laine, coton, tweed, etc. Préparez des paires dans chacun des tissus. Les yeux fermés ou bandés, l'enfant doit trouver les paires qui se ressemblent au toucher et les poser ensemble sur la table. Une fois qu'il a les yeux ouverts, il peut vérifier son travail.

Tablettes de papier de verre (3-5 ans)

Il s'agit de six paires de tablettes en bois recouvertes de papier de verre plus ou moins rugueux. Chaque paire est recouverte du même papier. L'enfant doit essayer d'identifier les paires uniquement en touchant le papier de verre, les yeux fermés ou bandés. Une fois qu'il a fini son tri, il peut vérifier son travail.

Mélanger avant de trier Remplissez un panier avec différents tissus formant des paires. Il devra les retrouver les yeux fermés, grâce au toucher.

Pas à pas : le sac à mystères

UN Éléonore plonge la main dans le sac et tâte l'objet mystérieux.

Des objets mystérieux Les objets qui iront dans le sac à mystères doivent être de tailles, de formes et de textures différentes. Votre enfant doit pouvoir les reconnaître.

DEUX Elle dit ce qu'elle pense avoir reconnu avant de le sortir du sac.

Le sac à mystères (3-6 ans)

Le sac à mystères est un jeu apprécié depuis longtemps par les enfants. Il s'agit d'un simple sac en tissu ou d'une boîte percée d'un trou adapté à la taille d'une main d'enfant. L'enfant met la main dans le sac ou la boîte et manipule des objets qu'il ne peut pas voir. Pour jouer à ce jeu, il faut plusieurs petits objets que votre enfant connaît bien et qu'il peut nommer. Faites-lui fermer les yeux, mettez un objet dans le sac et demandez-lui de l'identifier uniquement au toucher. S'il trouve, échangez les rôles. Ce jeu peut être adapté aux plus grands en augmentant sa difficulté ; utilisez différentes pièces, coquilles ou formes géométriques, par exemple.

Les odeurs
Les enfants ont l'odorat beaucoup plus développé que la plupart des adultes. Voici deux exercices qui aideront votre enfant à affiner ses perceptions. Il apprendra aussi à reconnaître et à nommer différents arômes.

Les pots à odeurs (3-5 ans)

Le jeu est constitué d'un ensemble de douze petits récipients identiques en plastique ou en verre, munis de couvercles. L'idéal est d'utiliser des pots à épices cylindriques dont le couvercle se visse. Vous pouvez aussi utiliser de petits pots de bébé. Créez deux séries identiques de six pots. Recouvrez-en une de papier bleu et l'autre de papier vert.

Mettez une boule de coton dans chaque pot et versez une ou deux gouttes de la même odeur dans un pot bleu et dans un pot vert, à raison d'une odeur différente par paire de pots. Vous pouvez utiliser des aromatisants comme la vanille ou l'amande, de la menthe, du citron, de l'eau de Cologne ou un parfum. Vous pouvez aussi ne pas mettre de coton et utiliser une substance solide dont l'odeur est forte et agréable, par exemple un peu de pot-pourri, des épices (clou de girofle ou cannelle), des écorces de citron ou d'orange. Dans ce cas, l'enfant ne doit pas voir ce qu'il y a à l'intérieur du pot. Pensez à remplacer de temps en temps le contenu des pots, car ces substances perdent leur arôme au bout d'un moment.

L'enfant doit choisir un pot, l'ouvrir et renifler l'odeur. Il doit ensuite trouver le pot de l'autre série qui va avec celui-ci. Une fois qu'il a trouvé, il met les deux pots de côté et recommence avec les pots restants.

Plantes aromatiques (3-5 ans)

Si vous avez un jardin de plantes aromatiques, votre enfant va beaucoup s'amuser à essayer de reconnaître les différents arômes du romarin, de la lavande, du basilic et du thym. Il y prendra encore plus de plaisir s'il cultive lui-même ces plantes (voir page 139). Montrez-lui comment utiliser un petit mortier et un pilon pour écraser les herbes, ou même comment fabriquer des sachets ou des bols de pot-pourri pour parfumer la maison.

Pots à odeurs En comparant et en associant différentes odeurs enfermées dans des pots, l'enfant développe son odorat.

« Les enfants ont l'odorat beaucoup plus développé que la plupart des adultes. »

Saveurs fruitées Lorsqu'il déguste une salade de fruits frais, il vit plusieurs expériences sensorielles à la fois grâce aux couleurs, aux saveurs et même aux sons qu'ils produisent quand il les croque.

Le goût

Les saveurs de base que la langue permet de sentir sont au nombre de quatre : le sucré, l'acide, le salé et l'amer. La façon la plus simple d'introduire le concept de saveur est de parler des différents aliments : « Mmm, cette pomme est drôlement sucrée ! », ou : « Ces cacahuètes sont vraiment très salées ! Tu ne trouves pas ? » Certains enfants sont assez difficiles face aux aliments qui ont une saveur prononcée ou inhabituelle. Votre enfant goûtera peut-être plus volontiers de nouvelles saveurs s'il apprend à découvrir de nouveaux arômes et de nouvelles saveurs au travers d'expériences sensorielles. Pour commencer, associez progressivement chaque saveur à des aliments différents. Vous pouvez, par exemple, lui faire découvrir l'amertume en lui présentant un peu de raifort ou du persil : « Il y a des aliments qui sont amers. Tu veux goûter pour voir ? »

Autre activité : incitez votre enfant à rechercher certaines saveurs dans les aliments. « Oh, là, là ! goûte-moi ce gâteau à la cannelle ; c'est incroyable ce qu'on sent la cannelle ! » Vous pouvez aussi lui suggérer de fermer les yeux, de goûter quelque chose et de trouver la saveur qui caractérise l'aliment. « C'est très citronné, maman ! » pourrait-il s'exclamer, par exemple. Vous pouvez aussi fabriquer des flacons à goûter (voir encadré ci-contre).

Flacons à goûter (3-5 ans)

Prenez huit petits flacons munis d'une pipette. Peignez le bouchon de quatre d'entre eux en bleu et les quatre autres en rouge. Vous obtenez ainsi deux séries de flacons. Remplissez une bouteille de chaque série avec un liquide qui représente une des quatre saveurs de base. Par exemple, de l'eau sucrée (sucré), du jus de citron (acide), de l'eau salée (salé) et du café noir dilué dans de l'eau (amer).

Demandez à votre enfant de bien se laver les mains, d'aligner les flacons devant lui, de dévisser soigneusement le bouchon de l'un d'entre eux, et de faire couler une petite goutte sur le dos de sa main gauche. Dites-lui de la lécher lentement pour bien sentir la saveur. Il doit ensuite choisir un flacon dans l'autre série, dévisser le bouchon et faire couler une petite goutte sur le bout d'un doigt de sa main droite. Est-ce la même saveur ? Non ? Mettez le flacon de côté et recommencez avec un autre jusqu'à ce qu'il trouve la même. Mettez alors la paire de flacons de côté.

L'enfant doit se laver les mains avant de recommencer à goûter. Le jeu est terminé une fois qu'il a trouvé les quatre paires de flacons.

CHAPITRE
TROIS

Je veux
le faire
tout seul

IDÉE

Aide-moi à le faire
tout seul

Le tout-petit n'a qu'une envie : devenir autonome. Pendant toute la période
où il acquiert cette autonomie, il prend plaisir à s'exercer pour maîtriser
de nombreuses compétences.

Premiers pas Le tout-petit commence à
expérimenter le goût de l'indépendance
dès qu'il fait ses premiers pas tout seul.

Très tôt, l'enfant a envie de s'entraîner à faire les choses qui le rendront autonome
– comme s'habiller, se laver, se verser à boire ou se faire des tartines. En lui
apprenant à les faire tout seul, vous le mettez sur la bonne voie.

Suivant son âge, le tout-petit peut se rendre très utile dans la maison. Il peut
ranger sa chambre, vous aider à couper les légumes, à balayer, à épousseter et à
faire la cuisine. Il est capable d'apprendre à mettre la table, à apporter les plats, à
disposer des fleurs sur la table et à la décorer. Il peut aussi apprendre à se tenir à
table, à accueillir les invités à la porte et à bien se comporter avec ses petits copains
ou avec les invités et la famille qui viennent chez lui. En le guidant sans le brusquer,
l'enfant apprend rapidement à travailler proprement, à laisser un endroit propre et
à aider aux tâches ménagères ; il apprécie de mettre en œuvre ses compétences.

La conscience de soi
Les enfants qui se sentent respectés et
capables sont beaucoup mieux sur le plan affectif que ceux qui sont couvés. Les
activités de ce chapitre vont vous aider à apprendre à votre enfant à acquérir des
compétences dans la vie quotidienne. Elles lui permettront de devenir plus
autonome et de prendre de l'assurance. Chaque leçon a pour objectif non seulement
de lui enseigner une compétence en elle-même, mais aussi de l'aider à développer
des qualités comme le calme, la concentration, l'entraide, l'autodiscipline et la

onfiance en soi. Beaucoup de ces leçons sont aussi un
bjectif social, par exemple acquérir la conscience de
oi, être sensible aux autres et savoir se mettre au service
'une communauté. Les parents doivent donner le ton
servir en permanence de modèle dans les tâches de la
ie quotidienne. Ils se doivent d'être équilibrés,
éfléchis, précis, attentifs et généreux.

Selon Maria Montessori, « l'autonomie, c'est être
apable de faire quelque chose soi-même. Faire
expérience de l'autonomie n'est pas seulement un
eu. C'est aussi un travail que l'enfant doit accomplir
our grandir ».

Leçons de vie

es leçons que votre enfant va suivre se répartissent en
rois domaines :

comment s'occuper de soi ;

les tâches ménagères quotidiennes ;

la politesse et la courtoisie.

Beaucoup de ces leçons impliquent un certain degré de motricité, comme attacher
n bouton, verser à l'aide d'un petit broc ou transporter quelque chose sans le
enverser ou sans trébucher. Ce sont des choses que la plupart des parents essaient
'apprendre à leur enfant dès le plus jeune âge. J'espère que vous trouverez dans
e chapitre des idées pour que ce processus suive son cours sans heurt. Les leçons
euvent commencer à n'importe quel âge, dès que vous sentez que votre enfant
st prêt. Le meilleur moyen pour savoir quel est le bon moment pour une leçon
st de faire attention à ce qu'il vous dit, en paroles ou en gestes. Un jour, il aura
ar exemple envie de tenir sa tasse lui-même. Ce sera le moment de lui apprendre
boire tout seul.

Un pas vers l'autonomie

Votre enfant arrive à un stade où
il est décidé à faire les choses tout
seul, et où il en est capable.

Les enfants adorent
travailler et jouer

Les petits aiment bien sentir qu'ils appartiennent au même monde que nous. Pour eux, travailler est presque aussi amusant que jouer, à condition qu'on leur en donne l'occasion.

> « Les enfants ont besoin qu'on leur montre exactement ce qu'il faut faire, lentement et avec des gestes simples qu'ils peuvent comprendre. »

Le meilleur moyen d'inciter un enfant à essayer de faire quelque chose de nouveau est de lui montrer exactement ce qu'il faut faire, lentement et avec des gestes simples qu'il peut comprendre. Donnez-lui ensuite l'occasion de s'exercer ; laissez-le aussi faire ses propres erreurs et les corriger de lui-même. Essayez de voir le monde avec son regard. En lui fixant des limites et en lui donnant des directives précises, vous pouvez le laisser apprendre à faire les choses tout seul, et ainsi à gagner l'estime de soi et la confiance en soi que l'autonomie apporte.

Question de taille

La première chose à faire est de vous équiper d'outils et d'ustensiles adaptés à la taille de votre enfant. La plupart des tâches que les petits peuvent faire deviennent plus simples avec du matériel qui correspond à leur âge. Outre les brosses à dents pour enfant, faciles à trouver, pensez aussi aux tasses, assiettes, fourchettes, cuillères, arrosoirs, balais, brosses et même aux tubes de dentifrice adaptés aux enfants.

Pour de vrai

Pourquoi acheter une cuisine pour enfant alors qu'en fait ce dont il a envie, c'est de vous aider dans votre vraie cuisine ? Je ne veux

Mettre le couvert Achetez des couverts pour enfants. Dessinez-en les contours sur un carton pour qu'il sache où les poser pour mettre le couvert.

pas dire par là qu'il faut laisser un enfant de trois ans se servir d'un couteau ou d'un four, mais il y a beaucoup de gestes qui ne présentent aucun danger et que votre enfant peut faire si vous prenez le temps de lui montrer comment. Il peut, par exemple, mélanger des ingrédients froids, laver des légumes ou mettre la table. Les enfants n'ont pas forcément envie de faire ce que vous faites ; il n'est pas question de faire faire la vaisselle à votre enfant alors qu'il veut jouer. En revanche, s'il demande ou montre qu'il a envie d'aider, prenez le temps de lui montrer comment faire. Et si vous avez fait l'effort d'organiser votre cuisine pour qu'il ait un petit plan de travail et quelques ustensiles de base à sa taille, il aura certainement plus souvent envie de vous aider.

Étape par étape

La plupart des choses que nous faisons au quotidien nécessitent diverses compétences, que nous avons acquises tout au long de notre vie. En divisant les tâches en petites étapes, vous aiderez votre enfant à maîtriser les difficultés l'une après l'autre. Adoptez cette approche quand vous voulez lui apprendre à trier les chaussettes propres ou à mettre des fleurs dans un vase. Réfléchissez à chaque étape et à la manière de la simplifier. Expliquez chacune d'entre elles en quelques mots tout en lui montrant comment faire, de façon qu'il se concentre davantage sur vos gestes que sur vos paroles.

aissez-le ensuite s'exercer jusqu'à ce qu'il maîtrise cette étape.

La façon dont on apprend à faire du vélo est une bonne illustration de cette approche progressive. Quand l'enfant est prêt, on lui donne généralement un tricycle et on le laisse apprendre à monter dessus et à en descendre, à se servir du guidon et des pédales. Comme le tricycle est un engin qui ne présente pas de danger, il n'a généralement pas de freins, et nous faisons attention à choisir un endroit où l'enfant ne risquera rien. Mais il arrive un moment où il veut un « grand vélo ». On en choisit donc un à sa taille auquel on ajoute des stabilisateurs. Ils permettent au vélo de rester debout et à l'enfant de s'habituer aux pédales, au guidon et aux freins. Petit à petit, il prend confiance en lui, jusqu'au jour où il demande qu'on lui retire les stabilisateurs. Il ne lui faut pas longtemps pour se mettre à pédaler à toute allure, et vous devez alors sans cesse lui rappeler qu'il doit mettre son casque !

Étape par étape, le processus d'acquisition de cette compétence de la vie quotidienne a été facilité par la prévoyance, la patience et le soutien des parents. Il en ira de même lorsqu'il aura grandi. Quand un adolescent apprend à conduire, la démarche est similaire. Apprendre à gérer les conflits avec les amis, à épargner ou à organiser une petite fête, par exemple, se fait aussi sur le même mode.

En tant que parents, la plus grande difficulté que nous rencontrons une fois le stade d'apprentissage dépassé est certainement de laisser l'enfant exercer ses compétences dans la vie de tous les jours sans intervenir. Cela ne nous viendrait pas à l'esprit de lui remettre des stabilisateurs une fois qu'il sait faire du vélo à deux roues, mais nous gardons longtemps le réflexe de lui attacher son manteau ou ses lacets alors qu'il est tout à fait capable de se débrouiller tout seul.

Pédaler pour avancer La façon dont on lui apprend à faire du vélo est une bonne illustration de la nécessité de progresser étape par étape.

L'ordre, ça s'apprend.

Apprenez-lui à prendre un seul livre
à la fois sur une étagère et à le ranger
une fois qu'il a fini de le lire.

Une étiquette pour se repérer

Avec des photos accrochées sur les
paniers et les étagères, l'enfant sait
où il doit ranger ses affaires.

Le sens de l'ordre

Lorsqu'on apprend à un enfant à exécuter des tâches de la vie quotidienne, il est impératif de lui apprendre aussi à ranger. Quand il est dans sa période de sensibilité au rangement (voir page 16), son univers doit être parfaitement ordonné. Si vous lui montrez où se mettent les choses et comment les ranger une fois qu'il a fini de s'en servir, votre enfant va s'approprier ce réflexe de rangement et le garder toute sa vie.

Beaucoup d'entre nous se laissent parfois submerger par le chaos qui s'installe rapidement dès qu'on laisse traîner ses affaires dans la maison. Les enfants y sont particulièrement sensibles. S'ils excellent souvent dans l'art de semer le désordre, ils ont généralement beaucoup de mal à ranger ensuite. L'approche la plus efficace consiste à leur apprendre à ranger avant de passer à autre chose. Si certains enfants naissent avec le « gène du rangement », d'autres peuvent tout à fait apprendre à travailler et à jouer sans mettre le bazar sans que leur créativité ou leur plaisir de jouer en pâtissent.

La solution consiste à établir une règle de base et à apprendre avec douceur mais fermeté à votre enfant qu'il peut choisir ce qu'il veut sur les étagères pour travailler et jouer le temps nécessaire, mais qu'il doit l'y remettre quand il a fini, et qu'il ne doit pas reprendre autre chose tant que ce qu'il avait sorti n'a pas été rangé.

Certains jouets sont beaucoup plus intéressants lorsqu'on y associe autre chose – un jeu de construction et de petites voitures, par exemple. Dans ce cas, faites-en un seul jeu. Les enfants n'ont aucun mal à apprendre les règles particulières, et le vôtre saura que le jeu de construction et les petites voitures vont ensemble, parce que c'est bien de jouer avec les deux à la fois. L'essentiel est de les ranger tous ensemble sur leur étagère avant de commencer autre chose.

Des photos comme étiquettes

Accrochez des photos sur les bacs de rangement pour aider votre enfant à remettre les choses à la bonne place. Vous pouvez aussi mettre sur chaque étagère une photo la représentant telle qu'elle doit être lorsque tous les jouets, livres ou jeux sont à leur place. Il pourra ainsi vérifier tout seul s'il ne se trompe pas (voir page 84) quand il range les objets après avoir joué ou travaillé.

Des rangements pratiques Comme vous vous en souvenez

certainement, je déconseille l'utilisation de coffres à jouets (voir page 37). Installez des étagères basses pour ranger les livres, les jouets et les jeux dans la chambre de votre enfant et dans les pièces où vous et votre famille passez le plus de temps. Trouvez un système pour ranger les jouets comportant de nombreuses pièces afin qu'elles ne se perdent pas. En règle générale, on choisit une boîte assez grande pour contenir toutes les pièces et assez résistante pour ne pas tomber en morceaux ou se déchirer avec le temps. Suivant la nature du jouet, optez pour une boîte en plastique lourde, un panier résistant, une boîte en bois bien solide, ou encore un pot ou un saladier assez grands.

Une aire de jeux ou de travail délimitée Vous

n'avez certainement pas envie que votre enfant fasse de la peinture sur le tapis du salon, ni qu'il peigne sur les murs. Réfléchissez à chaque jouet et à chaque activité possible et trouvez un endroit où il pourra jouer ou s'occuper en toute sécurité, sans risquer de déranger ou de salir à tel point qu'il aura du mal à remettre de l'ordre. Certaines activités se font plutôt dans la cuisine ou dans une pièce carrelée, facile à nettoyer si l'enfant renverse de la nourriture ou de la peinture par terre. D'autres sont plus agréables à pratiquer dans la salle de séjour, mais pas à un endroit où elles risquent de gêner les allées et venues des uns et des autres. Quant aux activités d'extérieur, comme le travail du bois ou les jeux de balles, mieux vaut les pratiquer dans le jardin.

Fixez une règle et montrez à votre enfant comment faire les choses correctement plutôt que de le punir ou de le gronder s'il ne fait pas bien. Quand vous voyez votre enfant remettre un objet au mauvais endroit, montrez-lui où il doit le ranger. S'il a fait des saletés, vous pouvez raisonnablement attendre de lui, s'il est assez grand, qu'il nettoie ou, du moins, qu'il aide à nettoyer. En règle générale, cela ne marche pas très bien avec les tout-petits. Avec eux, la seule solution, c'est la prévention ! Ne les laissez pas toucher aux choses qu'ils n'ont pas le droit de prendre.

Certaines activités sont agréables à faire sur le canapé. Mais, la plupart du temps, les enfants se trouvent bien par terre. Dans ce cas, les jouets et les puzzles auront tendance à s'éparpiller dans toute la pièce si vous n'aidez pas votre enfant à les garder rassemblés. Donnez-lui un petit tapis ou une petite natte (de 75 x 120 centimètres, par exemple) pour qu'il délimite son aire de jeux ou de travail.

Un tapis pour s'étaler Jouer sur un tapis ou sur une natte permet de délimiter une zone de jeux à ne pas dépasser dans une pièce.

Pour les travaux de plus grande envergure, par exemple la construction d'une immense ville en briques, l'enfant peut utiliser deux tapis à la fois. Apprenez lui à les rouler et à les dérouler, puis à les ranger dans un panier.

Des manipulations sans danger
Réfléchissez à ce que vous pouvez faire pour que votre enfant transporte soigneusement et sans danger ses jouets ou ses ustensiles de l'étagère où ils se trouvent à l'endroit où il veut travailler ou jouer. La meilleure solution consiste généralement transporter l'objet dans sa boîte de rangement. Certains jouets comportent de nombreuses pièces, la boîte est alors trop grande ou trop lourde pour qu'un enfant puisse la porter. Dans ce cas, prévoyez de petits plateaux sur lesquels pourra transporter en une ou plusieurs fois tout ce dont il a besoin. N'oublie pas que les enfants ne savent pas spontanément comment porter un plateau sans renverser ce qu'il y a dessus. Montrez-le-lui et laissez-le s'entraîner. S'il du mal avec un plateau, donnez-lui un petit panier.

Fier de ses jouets
Apprenez à votre enfant à prendre soin de se affaires, entre autres de ses jouets. Au lieu de le punir s'il casse quelque chose ou de simplement racheter ce qu'il a cassé, prenez le temps de lui montrer commen s'en servir correctement. Regardez si les dégâts sont réparables. Si c'est le cas profitez de l'occasion pour donner une leçon. Incitez-le à vous aider à répare ce qu'il a cassé et apprenez-lui comment faire lui-même de petites réparation. Montrez-lui comment vous-même prenez soin de votre maison et demandez lui d'adopter cet état d'esprit au quotidien. Attirez son attention sur les détail comme ramasser les morceaux de papier ou les perles éparpillés sur le sol.

Autocorrection
Chaque fois que c'est possible, essayez de faire e sorte que votre enfant puisse vérifier par lui-même au cours d'une activité s'il fait des erreurs. L'intérêt, lorsqu'on laisse un enfant utiliser des bols et des tasse qui cassent quand on les fait tomber ou qu'on ne les utilise pas correctemen c'est qu'il apprend rapidement à faire attention et à se maîtriser quand il s'e sert. Ses erreurs vous donnent l'occasion de lui montrer patiemment un nouvelle fois comment s'y prendre et de donner une nouvelle leçon à part d'un problème : « Comment va-t-on ramasser toutes ces perles ? ou : « Comment ramasser tous les morceaux sans se couper ? »

« Lorsqu'un jouet est cassé, regardez si les dégâts sont réparables. Si c'est le cas, profitez de l'occasion pour donner une leçon. »

De beaux jouets Les enfants savent reconnaître la beauté des matériaux naturels tels que le bois, l'argent, le laiton et le verre.

Beauté et harmonie Choisissez les objets – jouets, outils et autres que vous donnez à votre enfant en fonction de leur taille, de leur maniabilité et de leur beauté. Si vous achetez des plateaux, des brocs ou des ustensiles que l'enfant utilise dans sa vie quotidienne (voir pages 98-105), évitez ce qui est bon marché et en plastique – optez plutôt pour les matériaux les plus beaux que vous puissiez trouver, compte tenu de vos moyens financiers. Les enfants apprécient la beauté du bois, du verre, de l'argent, du laiton et des matériaux naturels en général.

La mémoire du jeune enfant absorbe et retient tous les détails de son environnement familial. L'objectif, pour vous, est d'imaginer des activités qui vont susciter son intérêt et de rendre l'univers dans lequel il va évoluer harmonieux et beau.

Se débrouiller tout seul dans
la salle de bains

Apprendre à prendre soin de soi – se laver les mains ou se brosser les dents par exemple – va permettre à votre enfant de prendre confiance en lui et en ses capacités.

La tactique face au robinet Savoir faire couler l'eau d'un robinet est une grande étape vers l'autonomie dans la salle de bains.

La plupart des compétences que l'enfant doit acquérir pour prendre soin de l[ ] s'acquièrent dans la salle de bains. Observez attentivement la vôtre et modifi[ ] éventuellement certaines choses (voir page 41) pour vous assurer qu'il ne cou[ ] aucun risque et qu'il y sera à son aise pour pratiquer les activités décrites c[ ] dessous.

Ouvrir et fermer le robinet La tâche n'est pas compliqué[ ]
Elle nécessite l'installation d'un petit marchepied devant le lavabo qui permettra [ ] votre enfant d'être assez haut pour pouvoir attraper le robinet. Prévoyez un[ ] petite serviette à sa portée pour qu'il puisse se sécher les mains.

Montrez-lui comment fermer la bonde et expliquez-lui qu'il ne faut surto[ ] pas laisser l'eau déborder du lavabo. Indiquez-lui le côté où se trouve l'eau froid[ ] et dites-lui : « Ça, c'est le robinet d'eau froide. » Faites la même chose avec l'ea[ ] chaude. Avertissez-le : « Ce robinet ouvre l'eau chaude. Fais bien attention ! L'ea[ ] est tellement chaude que tu peux te brûler. »

Ensuite, ouvrez doucement le robinet d'eau froide, pas complètement, [ ] tournez-le à nouveau dans l'autre sens. Invitez-le à faire de même. S'il tourne [ ] robinet trop vite, dites-lui : « Fais attention de pas l'ouvrir trop parce que tu va[ ] éclabousser toute la salle de bains. » Demandez-lui de le refermer. Ne soyez p[ ]

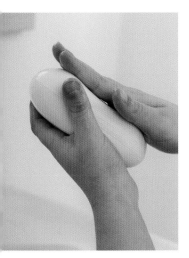

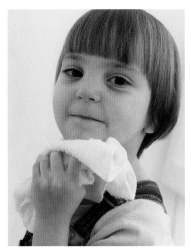

Un produit merveilleux Même si le savon ne tue pas les germes, il permet de les éliminer de la peau lorsqu'on se frotte les mains et qu'on les rince ensuite sous l'eau.

Un visage propre Votre enfant doit toujours avoir à sa disposition un mouchoir en tissu ou des mouchoirs en papier placés à sa hauteur dans la salle de bains.

surpris s'il l'ouvre en grand alors qu'il a cru le fermer. L'objectif de la leçon est de lui apprendre à maîtriser le débit de l'eau dans le lavabo. Recommencez la leçon aussi souvent qu'il le faudra, en insistant sur le sens d'ouverture et de fermeture.

Une fois qu'il sait comment ouvrir et fermer le robinet d'eau froide, demandez-lui de faire la même chose avec le robinet d'eau chaude. Si vous avez un mélangeur, commencez par faire couler l'eau froide. Expliquez-lui : « Si on ouvre d'abord l'eau froide, puis l'eau chaude, les deux se mélangent et l'eau qui coule est chaude, mais pas brûlante. » Montrez-lui comment mettre légèrement le doigt sous l'eau pour voir à quelle température elle coule. Montrez-lui aussi comment régler la température en tournant le robinet d'eau chaude. Si vous n'avez pas de mélangeur, expliquez-lui qu'il faut d'abord faire couler un peu d'eau froide dans le lavabo après avoir fermé la bonde, puis tourner le robinet d'eau chaude et le maintenir ouvert jusqu'à ce que l'eau du lavabo soit chaude.

Après cela, essuyez-vous tous les deux les mains, c'est fini ! Ne soyez pas étonné si votre enfant a sans arrêt envie de s'exercer pendant la période qui suit.

Se laver les mains
Une fois que votre enfant a compris comment fonctionne le robinet, expliquez-lui qu'on se lave les mains avec du savon et de l'eau chaude. En période de rhume et de grippe, les germes se répandent le plus

Les plaisirs de l'eau

Les enfants adorent jouer avec l'eau. Prévoyez un endroit à cet effet pour que votre enfant puisse jouer sans aucun risque. Utilisez le lavabo, un saladier ou une table percée d'un trou dans lequel on rentre une bassine et installée dans une pièce au sol carrelé de manière à pouvoir éponger facilement.

Instaurez quelques règles de base comme éviter les éclaboussures ou l'utilisation de certains objets – appareils électriques ou objets coupants – dans l'eau ou à proximité.

Donnez-lui des jouets amusants – moulin à eau, bateaux, entonnoir, bouteilles en plastique, etc.

Des dents impeccables
Achetez-lui une petite brosse à dents et apprenez-lui à se brosser les dents après chaque repas.

souvent par l'intermédiaire des mains, avec lesquelles les enfants touchent leurs yeux, leur nez ou leur bouche. L'un des moyens les plus efficaces pour limiter la propagation des infections est d'inciter l'enfant à se laver souvent les mains, en les frottant avec du savon sous l'eau courante pendant au moins trente secondes. Le savon ne tue pas les germes, mais il dissout la saleté et la poussière. Par conséquent, se laver les mains à l'eau courante est efficace, car la plupart des germes, voire tous, sont emportés avec l'eau. Cela ne coûte rien d'expliquer aux enfants, en utilisant un langage simple, pourquoi nous faisons ce genre de choses.

Se brosser les dents
Maintenant que votre enfant sait utiliser le lavabo, il a simplement besoin pour se brosser les dents d'une petite brosse à dents, d'un dentifrice qui a bon goût, d'un miroir et de quelques indications. Demandez éventuellement à votre dentiste de vous conseiller une bonne brosse à dents et un bon dentifrice, et de vous expliquer comment bien se brosser les dents, pour pouvoir montrer ensuite à votre enfant comment s'y prendre. Apprenez-lui à se brosser les dents après chaque repas. N'oubliez pas de lui expliquer pourquoi c'est important.

Le bain
La plupart des enfants adorent le moment du bain, car ils sont avec papa ou maman pendant ce temps. Il faut en effet les surveiller tant qu'ils sont encore petits et ne sont pas capables de prendre leur bain sans risque. C'est généralement entre trois et cinq ans que votre enfant vous fera comprendre qu'il est assez grand pour prendre son bain tout seul. Laissez-le faire, mais assurez-vous qu'il sait bien se laver les cheveux et utiliser le gant de toilette.

Se brosser les cheveux
Votre enfant doit avoir sa brosse ou son peigne à lui pour se brosser ou se démêler les cheveux. S'il préfère que ce soit vous qui le coiffiez, tant mieux. Mais, en grandissant, une fille aura peut-être envie d'apprendre à se mettre des barrettes ou des élastiques dans les cheveux.

Bien coiffé Avoir sa propre brosse à cheveux (ou son peigne) l'incite à prendre l'habitude de soigner son apparence.

Il apprend vite Regroupez dans un endroit accessible à
votre enfant tout ce dont il a besoin dans la salle de bains.

Les premiers pas vers la propreté

L'enfant ne peut apprendre à être propre que lorsqu'il est prêt, et pas quand ses parents le décident. Le fait d'être prêt à utiliser les toilettes au lieu de porter des couches est en grande partie lié à la maturation du système nerveux et au désir de se sentir grand et autonome. Chaque enfant évolue différemment, et vous ne pouvez rien faire pour accélérer le processus. Attendre patiemment est la meilleure solution. Mais, comme dans de nombreux autres domaines le concernant, si nous comprenons comment les choses se passent, nous pouvons préparer son environnement et soutenir notre enfant.

Tout tourne autour de son cerveau et de son système nerveux. Quand l'enfant naît, son cerveau et son système nerveux n'ont pas achevé leur développement. Entre la naissance et l'âge de dix-huit mois, les cellules du système nerveux se recouvrent de myéline, une substance lipidique qui facilite la transmission des impulsions entre les cellules à travers tout le système nerveux. Cela permet aux bébés et aux tout-petits d'affiner petit à petit la maîtrise et la coordination de leurs gestes.

Ce processus de myélinisation se fait par étapes. Le bébé commence par tenir sa tête droite, puis il contrôle ses bras et la partie haute de son corps, et enfin ses jambes et ses pieds. Ses mouvements, qui étaient aléatoires, sont désormais effectués de façon intentionnelle et consciente, ils sont maîtrisés.

La phase de curiosité
Les enfants commencent souvent à s'intéresser aux toilettes vers l'âge d'un an. Ils aiment bien tirer la chasse d'eau et veulent jouer avec l'eau de la cuvette. Si c'est le cas de votre enfant, donnez-lui l'occasion de jouer avec de l'eau dans un endroit plus adapté, par exemple dans le lavabo. C'est aussi l'âge où les enfants sont fascinés par leur « pipi » et leur « caca ». Ne soyez pas surpris ni choqué. Expliquez simplement à votre enfant que tout le monde fait cela, et que c'est comme cela que notre corps se débarrasse de ce dont il n'a pas besoin.

Vers l'âge de quinze ou dix-huit mois, beaucoup d'enfants ont envie de s'habiller et de se déshabiller tout seuls. Ils aiment bien les culottes, et il leur arrive d'essayer celles de leurs frères et sœurs ou de leurs parents. C'est sans doute le signe qui traduit le mieux leur curiosité naissante par rapport à la propreté.

Vers dix-huit mois, les enfants entrent dans une période sensible caractérisée par une meilleure maîtrise de leur corps, leur système nerveux étant de plus en plus mature. À ce stade, la plupart des petits sont à la fois capables physiquement et

Propreté :
quelques astuces

• **Soyez patient** et confiant.

• **Prévoyez des aménagements** pour l'aider à devenir autonome.

• **Mettez-lui une culotte spéciale** (molletonnée comme une couche) en coton pendant la journée.

• **Apprenez-lui à retirer son pantalon** et sa culotte, à s'essuyer, à tirer la chasse d'eau et à se rhabiller, étape par étape, quand il vous semble prêt pour l'apprentissage de la propreté.

• **Expliquez-lui patiemment** comment fonctionne le corps.

• **Gardez de vieilles serviettes à portée de la main** pour qu'il puisse essuyer par terre en cas d'accident.

• **En cas d'accident,** faites preuve de compréhension et gardez votre calme.

désireux de contrôler leur vessie et leurs intestins. Si vous les laissez passer le plus de temps possible en culotte plutôt que de leur mettre une couche, ils prendront ainsi davantage conscience de ces fonctions organiques.

Comme un grand
Le système nerveux de votre petit enfant arrive désormais à maturité. Il sait reconnaître les sensations physiques et contrôler les muscles de sa vessie et de son sphincter. À ce stade, si vous lui mettez une culotte en coton plutôt qu'une couche, au moins pendant la journée, il se produira peut-être un accident de temps en temps, mais il en aura vraiment conscience. Les enfants qui portent des couches jetables sentent rarement qu'ils sont mouillés. Avec une culotte, ils ont plus de chances d'apprendre à reconnaître la sensation de vessie pleine, et ils sont généralement fiers d'aller aux toilettes comme les grands.

Votre enfant va maintenant vouloir s'asseoir sur la cuvette des W-C ou sur son pot pour imiter ses parents et ses aînés, même s'il ne contrôle pas encore sa vessie et ses intestins. Abondez dans son sens et apprenez-lui tranquillement à retirer sa culotte, à s'asseoir sur la cuvette correctement, à utiliser le papier toilette pour s'essuyer, à remonter sa culotte, à tirer la chasse d'eau et à se laver les mains.

Attendez-vous à quelques accidents. Lorsque c'est le cas, restez calme et rassurez-le. Gardez des culottes propres à portée de main de votre enfant et sortez une pile de vieilles serviettes qu'il pourra utiliser pour essuyer ses mares. Aidez-le s'il vous le demande ou s'il vous paraît dépassé par les événements, mais surtout ne vous précipitez pas vers lui pour ne pas risquer de le rendre honteux.

L'apprentissage de la propreté est un processus naturel qui commence quand le désir que votre enfant a d'être grand et son développement neurologique ont atteint un certain point. Ce point, c'est le contrôle de sa vessie et de ses intestins. Cet apprentissage ne peut en aucun cas faire l'objet d'un entraînement. Votre rôle est simplement de l'aider.

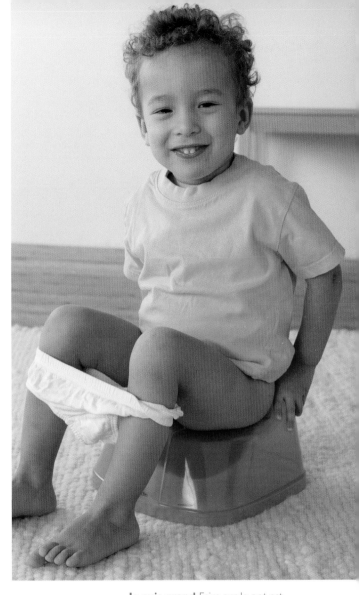

Je suis grand Faire sur le pot est l'aboutissement d'un processus naturel lié au développement neurologique et au désir d'autonomie de l'enfant.

ACTIVITÉ

Une maîtrise totale

Laissez-lui le temps de s'entraîner
En un rien de temps, il maîtrisera
même les systèmes les plus
compliqués.

Apprendre à
s'habiller

Il ne faudra pas longtemps à votre enfant pour
apprendre à se déshabiller et à s'habiller tout seul.

Entre six mois et un an, la plupart des enfants tendent la main ou le pied
quand on les habille. Vers dix-huit mois, beaucoup de tout-petits
manifestent le désir de mettre une culotte comme leurs aînés ou leurs
petits copains (voir pages 90-91). Certains commencent à prendre plaisir
à s'habiller et à se déshabiller tout seuls. Il n'est pas rare de voir des enfants
de cet âge essayer les vêtements de leurs aînés ou de leurs parents.

Quand vous voyez que votre enfant commence à manifester de
l'intérêt, passez un peu de temps à faire quelques séances d'essayage de
bonnet, d'écharpe et de pantoufles. Asseyez-vous par terre à côté de lui et
enfilez-lui avec son aide son pantalon, puis ses chaussettes et son tee-shirt.
Votre démonstration doit prendre la forme d'un jeu.

À portée de main Vous vous souvenez que, lorsque j'ai parlé
de l'aménagement de sa chambre (voir pages 41-43), j'ai insisté sur
l'importance d'installer des crochets, des patères, des étagères et des paniers
suffisamment bas pour que votre enfant puisse attraper ses affaires tout
seul, et de prévoir des tiroirs qu'il pourra ouvrir sans difficulté et sans aide.
Observez sa chambre et vérifiez que tout est à sa portée.

Au fur et à mesure qu'il grandit et devient autonome, laissez-le choisir
ses vêtements. Sortez-lui deux tenues pour le matin, parmi lesquelles il
choisira celle qu'il a envie de mettre. Vous pouvez aussi lui acheter des

S'entraîner d'abord

Incitez-le à s'exercer sur des vêtements posés devant lui avant d'utiliser ses compétences sur ses propres vêtements.

Boutonner Laissez-le s'entraîner à boutonner et à déboutonner un vêtement sur un tissu muni de gros boutons et posé à plat par terre.

Faire des nœuds Chaque rangée comporte deux rubans de couleur différente, attachés chacun d'un côté de la boîte.

Je m'habille tout seul ! Vers l'âge de dix-huit mois, l'enfant a parfois envie de commencer à s'habiller tout seul.

vêtements qu'il pourra facilement mettre et retirer tout seul. Choisissez des pantalons à taille élastique pour qu'il n'ait pas à mettre de ceinture. Évitez les vêtements qui ont trop de boutons ou de fermetures à glissière tant qu'il n'est pas prêt à affronter cette difficulté. Préférez les chaussures à scratch. Essayez d'être patient, car votre enfant risque d'avoir besoin de s'exercer un certain temps.

Mettre son manteau peut se révéler la chose la plus difficile pour un enfant qui apprend à s'habiller tout seul. Même un adulte doit parfois se battre pour arriver à trouver sa manche dans son dos. Dans les écoles

PRÉPARATIFS Mettre des vêtements aussi simples qu'un bonnet et une écharpe, c'est déjà un début quand on commence à vouloir s'habiller tout seul.

ON ENFILE LES CHAUSSETTES Pour enfiler tout seul ses chaussettes, il faut une certaine dextérité. Montrez-lui comment enfiler correctement le bout avant de les dérouler.

VIVE LES SCRATCHS ! Les chaussures à scratch (ou Velcro) sont les plus faciles à enfiler lorsqu'on veut apprendre à se chausser tout seul.

ET LES LACETS ! Pour arriver à attacher correctement les lacets de ses chaussures, il faut s'entraîner longtemps.

Étape par étape : enfiler son manteau

UN Arthur pose son manteau à plat par terre, l'extérieur de celui-ci se trouvant côté sol. Il s'accroupit du côté de la capuche.

DEUX Il glisse ses mains dans les manches et soulève le manteau pour le faire passer par-dessus sa tête. Les manches s'enfilent toutes seules sur les bras.

TROIS Le manteau retombe comme il faut dans son dos et Arthur tire sur les côtés pour les ramener devant lui. « Regarde, j'y arrive tout seul ! »

Montessori, l'hiver, quand un grand nombre d'enfants doivent mettre leur manteau en même temps pour sortir, on a recours à une technique simple. Cette technique, qui leur permet de s'habiller tout seuls en un minimum de temps, peut aussi être utilisée à la maison.

Préparation indispensable Commencez par aménager votre entrée avec des étagères à chaussures et une patère placée suffisamment bas pour que votre enfant puisse accrocher son manteau (voir page 41). Montrez-lui comment remettre ses manches correctement avant de l'accrocher. Montrez-lui ensuite comment enfiler son manteau en suivant les étapes décrites ci-dessus. Il est important qu'il se mette du côté du col (au début, les enfants se retrouvent souvent avec le manteau tête en bas) ; expliquez-lui bien cette étape. Une fois qu'il sait maîtriser cette astuce, l'enfant a un sentiment énorme d'autonomie et de réussite ; alors, laissez le vôtre s'exercer autant qu'il veut.

QUATRE Maintenant qu'Arthur est parfaitement entraîné, il sait mettre son manteau tout seul en moins de trente secondes. Il rayonne de fierté.

Des chaussures
bien rangées

Accrocher ensemble les deux chaussures d'une même paire est un bon moyen pour votre enfant de les retrouver facilement et de ne pas confondre la droite de la gauche quand il les enfile.

Participer aux
tâches ménagères

Les enfants ont une envie bien naturelle de nous suivre partout dans la maison quand ils sont petits. Ils ont souvent envie d'aider, ne serait-ce que pour se sentir utiles et grands.

> « Considérez les tâches ménagères comme une activité familiale à laquelle les enfants sont conviés à participer. »

Considérez les tâches ménagères comme une activité familiale à laquelle les enfants sont conviés à participer même quand ils sont très jeunes. Votre enfant aura ainsi un sentiment de fierté à garder la maison et le jardin propres et rangés. Cela ne doit jamais être vécu comme une corvée, mais comme une activité qui permet d'acquérir le sens de l'ordre et du travail bien fait.

Évidemment, les enfants ne savent pas faire tout ce que nous savons faire, et cela nous semble souvent plus simple de faire les choses nous-mêmes. Mais si vous prenez le temps de préparer l'environnement et d'apprendre patiemment à votre enfant comment procéder étape par étape, vous lui permettrez de faire des apprentissages tout en lui donnant envie de travailler.

La bonne approche
Commencez par rassembler le matériel dont votre enfant aura besoin pour vous aider. Il lui faut un petit balai, une serpillière et un seau à sa taille, un petit plumeau, des chiffons et quelques-uns des produits d'entretien que vous utilisez. Il doit aussi pouvoir accéder aux endroits où il a le plus envie d'aider, mais qui sont trop hauts pour lui, comme l'évier.

N'oubliez pas que, contrairement à nous, adultes, qui effectuons ces tâches machinalement, les enfants ont besoin qu'on les leur décompose en petites étapes. Quand votre enfant apprend à faire quelque chose, il est

Étape par étape : balayer

UN Un carré délimité par du ruban adhésif sur le sol de la cuisine désigne l'endroit vers lequel Clara doit pousser toutes les saletés.

DEUX Une fois qu'elle a appris à tenir son balai entre ses mains, elle balaye soigneusement les saletés jusqu'au carré.

TROIS Pour finir, Clara utilise une pelle et une balayette pour ramasser les saletés. Elle va faire très attention en soulevant la pelle et la surveillera en permanence tout au long du trajet jusqu'à la poubelle.

Un bon coup de torchon

Arthur essuie soigneusement les
assiettes après le dîner. Il est fier
d'aider sa maman.

Petites mains

L'eau, c'est rigolo Emma adore faire la vaisselle – c'est aussi drôle que de jouer avec de l'eau, mais la responsabilité n'est pas la même.

Ça brille ! Pour Luc, cirer ses chaussures, c'est avoir la satisfaction d'avoir accompli quelque chose dont il peut contempler le résultat quand il regarde ses pieds.

On traque la poussière L'une des activités favorites de Théo est d'aider sa maman à épousseter la poussière avec son plumeau.

important de ritualiser ces étapes, en veillant à ce qu'il utilise chaque fois le même matériel et dans le même ordre. Les enfants apprennent en s'exerçant et en répétant des gestes. Ne soyez pas étonné s'il lui faut des semaines ou des mois pour acquérir une compétence.

Bien sûr, le but n'est pas de faire de votre enfant un petit esclave. Acceptez qu'il ait parfois très envie d'aider, alors que, à d'autres moments, cela ne lui dit rien parce qu'il est plongé dans une autre activité. S'il veut aider, c'est généralement parce qu'il cherche à capter votre attention et à obtenir votre approbation. Le jeune enfant effectue rarement une tâche de lui-même. Il y a plus de chances qu'il vous suive partout et veuille vous aider dans ce que vous êtes en train de faire. Si vous adoptez la bonne approche, c'est-à-dire sans le harceler, sans montrer d'impatience, sans le critiquer et sans refaire ce qu'il n'a pas parfaitement bien fait, il prendra plaisir à vous aider à tenir la maison.

D'abord des lentilles… Emma
s'exerce à verser des lentilles d'un broc
à l'autre. Le plateau sert à récupérer
tout ce qui tombe à côté.

… puis de l'eau Emma tient
maintenant le broc à deux mains pour
verser l'eau qui a remplacé les lentilles.

Apprendre à verser
Votre enfant aura beaucoup moins de mal à apprendre à verser un liquide si vous lui donnez de petits brocs dont la poignée est adaptée à la taille de ses mains et qui ne sont pas trop lourds, une fois pleins. Pour lui faciliter les choses, montrez-lui d'abord comment verser quelque chose de sec, comme du riz ou des lentilles crus, d'un broc à l'autre. Pour ce premier exercice, les tout petits brocs, comme ceux que l'on utilise pour la crème ou le lait, ont une taille idéale. Placez un plateau coloré sous les brocs ; ce qui aura débordé ne s'éparpillera pas partout, et sera facile à voir et à ramasser une fois l'exercice terminé.

Montrez-lui comment tenir la poignée du broc de la main qui lui convient le mieux. Montrez-lui ensuite comment soutenir le fond de celui-ci avec l'autre main, de manière à mieux contrôler son geste quand il verse. L'exercice consiste à verser le riz ou les lentilles d'un broc à l'autre, puis à recommencer dans l'autre sens. Insistez bien sur la nécessité d'être très attentif à ce qu'il fait. Encouragez-le : « Mon chéri, on va voir si tu arrives à verser le riz dans l'autre broc sans mettre un seul grain à côté. »

Un pas de plus vers l'autonomie Emma est maintenant capable de verser de l'eau avec précaution sans en renverser. Elle peut se remplir un verre quand elle a soif.

Nous essayons tous d'apprendre à nos enfants à bien se tenir à table. Ce processus implique, entre autres, de les aider à travailler leur motricité fine, de façon qu'ils soient au moins capables physiquement de prendre de la nourriture d'une assiette et de la porter à leur bouche sans en laisser tomber.

Pour aider votre enfant à acquérir de l'habileté à table, faites des jeux avec des bols, des cuillères et des fourchettes. Commencez avec un plateau et deux bols, l'un d'entre eux contenant quelque chose de facile à prendre avec une cuillère, par exemple des haricots secs. Choisissez une cuillère à sa taille. Montrez-lui comment faire passer les haricots, un par un, d'un bol à l'autre. Demandez-lui de le faire tout seul. Une fois qu'il a fini, il peut recommencer dans l'autre sens autant de fois qu'il veut.

Dès qu'il arrive à effectuer cette opération sans rien renverser, augmentez la difficulté en remplaçant les gros haricots secs par quelque chose de plus petit, par exemple du riz.

Vous pouvez procéder de la même manière pour lui apprendre à utiliser une fourchette. Il suffit de choisir un aliment adapté, par exemple des cubes de fromage ou des haricots verts cuits.

Une fois que votre enfant maîtrise le geste, augmentez la difficulté en lui donnant des brocs plus grands, puis en lui demandant d'essayer de verser le riz d'un broc dans un verre. Pour qu'il ait des chances d'y arriver, ne mettez pas dans le broc plus de riz que le verre ne peut en contenir. Enfin, quand vous pensez que votre enfant est prêt, remplacez le riz par de l'eau. Demandez-lui de verser l'eau dans le verre sans en renverser une seule goutte. Dites-vous bien que ce processus prendra du temps ! Il faut généralement plusieurs mois d'entraînement avant que la coordination œil-main soit suffisamment bonne pour qu'il arrive à verser de l'eau correctement et sans aide.

Manier le couteau
Apprenez d'abord à votre enfant à utiliser un couteau pour couper des choses molles (une banane, par exemple).

Tartiner On a montré à Tom comment étaler du fromage fondu pour se faire une tartine.

Couper une banane en rondelles Tom coupe consciencieusement un peu de banane en rondelles sur une planche à découper avant de poser celles-ci sur sa tartine.

Touche finale Tom a appris à verser du jus de fruits avec un petit broc. Il se sert, son goûter est prêt !

Préparer son goûter

Pour inciter votre enfant à se préparer des goûters bons pour sa santé, vous pouvez, par exemple, lui demander de participer à la préparation. Commencez par lui apprendre à se servir d'un petit couteau à fromage. Montrez-lui comment le tenir correctement et comment s'en servir pour étaler du beurre ou de la confiture sur une tartine.

Quand il sait tartiner, apprenez-lui à se servir du couteau pour couper quelque chose de mou – une banane ou un fromage à pâte molle, par exemple. Au fur et à mesure qu'il grandit, qu'il prend des forces et qu'il arrive à mieux se servir d'un couteau, donnez-lui des choses plus difficiles à couper en rondelles, par exemple des carottes ou du céleri en branche.

Veillez à ce que votre enfant puisse attraper facilement tous les ingrédients et ustensiles dont il a besoin pour préparer son goûter tout seul. Placez les aliments qui se conservent au réfrigérateur sur l'étagère du bas pour qu'ils soient accessibles.

Une fois qu'il sait se préparer sans problème son goûter, invitez-le à couper des bananes en rondelles qu'il disposera dans une assiette et à tartiner de beurre ou de confiture quelques tartines. Ajoutez quelques piques pour attraper les rondelles et suggérez-lui d'en offrir à tous les membres de la famille.

CHAPITRE
QUATRE

Un climat
de
paix

IDÉE

Créer un climat d'affection

C'est en leur montrant l'exemple, en les rassurant et en leur offrant notre amour inconditionnel que nous pouvons aider nos enfants à apprendre à bien se tenir, à être courtois et attentifs aux autres.

Une impression durable

Les jours heureux que vous passez ensemble resteront gravés pour toujours dans sa mémoire.

Dans une maison où règne l'esprit Montessori, les parents essaient de faire preuve d'empathie et d'être attentionnés, en respectant les enfants en tant qu'êtres humains et individus. Quant à ces derniers, ils doivent eux aussi apprendre à s'intéresser aux autres et acquérir les règles de courtoisie qui régissent la vie quotidienne. Pour cela, nous devons contribuer à développer chez eux l'estime de soi, la compassion et le respect des autres. Dans la mesure où nous ne pouvons pas être en permanence avec eux, nous devons leur apprendre à agir avec probité et intégrité, qu'on les regarde ou non. Il est impossible de les préparer à toutes les situations auxquelles ils seront confrontés au fil des ans, mais nous pouvons leur apprendre à faire preuve de gentillesse en toute occasion.

Le comportement du bébé
Les bébés et les tout-petits ne réagissent pas à la discipline, aux règlements et aux punitions ; en revanche, ils réagissent à l'amour inconditionnel. Ils n'en sont pas encore au stade où ils sont capables de distinguer le bien du mal. Ils vivent dans l'instant présent, et quand ils veulent quelque chose, ils le veulent « tout de suite ».

Le secret d'une vie heureuse lorsqu'on a un très jeune enfant, c'est de faire beaucoup d'efforts pour comprendre ce qu'il essaie de dire quand il pleure. Les pleurs constituent l'un des rares moyens de communication dont il dispose. Ils

peuvent signifier qu'il a faim ou qu'il veut être bercé, qu'il est dans une position inconfortable ou qu'il a besoin d'être changé.

N'oubliez pas que le bébé est une personne, lui aussi ! Il peut être effrayé, s'ennuyer ou se sentir seul, faire des cauchemars. Regardez et écoutez-le attentivement. Si vous lui accordez toute votre attention, vous finirez par comprendre ce qu'il essaie de vous dire. Le comportement des bébés et des tout-petits est impulsif, et ils n'ont qu'une capacité limitée à faire des choix, ne serait-ce que suivre des règles. Même si vous montrez toujours le bon exemple à votre enfant et que vous lui expliquez pourquoi certains comportements sont acceptables et d'autres pas, ne soyez pas étonné s'il ne vous écoute pas.

Dans un climat d'amour et de respect, les tout-petits acquièrent progressivement la capacité de comprendre nos paroles et commencent à y réagir de façon inconsciente. Ils finissent par imiter la politesse que nous leur donnons en exemple,

Une maman attentive

Vous apprendrez vite à reconnaître les différents pleurs de votre bébé, qui sont la manifestation de ses émotions.

Le rôle des parents

C'est à nous d'apprendre à nos enfants comment faire face à leurs émotions et les exprimer.

et par coopérer. En règle générale, ils font alterner les bons jours, où ils sont coopératifs et adorables, et les mauvais, où ils semblent nous tester en permanence.

Bébé grandit
Nos enfants ont une affection profonde pour nous et veulent que nous soyons contents d'eux. L'objectif est de les amener au-delà de la simple obéissance, qui consiste à faire ce qu'on leur demande dans l'espoir d'être récompensés ou d'éviter quelque chose de désagréable. Il s'agit de les aider à acquérir des réflexes de politesse et de gentillesse, et à savoir distinguer le bien du mal. Pour cela, ils doivent prendre conscience des autres et être capables d'autodiscipline, ce qui ne peut venir que petit à petit avec la maturité.

Les enfants ressentent les mêmes émotions que les adultes, mais ils ne savent pas d'instinct comment exprimer leur frustration et leur colère de façon appropriée, ni comment régler les conflits. Notre rôle de parent est de leur apprendre à aller vers les autres, à être gentils et courtois même en notre absence. C'est aux parents à faire l'éducation morale des enfants. L'objectif est de leur montrer que nous défendons certaines valeurs et de les leur enseigner de façon qu'ils les intègrent complètement. Les enfants qui y parviennent ont une estime de soi très développée. Ils ont également plus de facilité à nouer des amitiés solides. Ils respectent les droits des autres, et leur compagnie est souvent agréable.

Ne vous imaginez pas pour autant qu'en grandissant votre enfant saura automatiquement gérer les situations nouvelles. Il vaut toujours mieux lui expliquer comment faire plutôt que d'attendre qu'il se comporte mal pour ensuite le gronder, le menacer ou le punir. S'il n'a pas la réaction que vous espériez, adressez-vous à lui calmement, mais fermement, et expliquez-lui comment gérer la situation de façon acceptable en société.

« Il vaut mieux expliquer à votre enfant comment faire plutôt que d'attendre qu'il se comporte mal pour ensuite le gronder, le menacer ou le punir. »

Une valeur importante : le respect. Certains parents et enseignants pensent qu'ils peuvent forger la personnalité de l'enfant et son avenir par une discipline très stricte. Or les enfants portent en eux-mêmes les clés de leur développement. Notre but doit être de les aider à acquérir maturité, autonomie et sens des responsabilités. Malheureusement, nous avons souvent tendance à les surprotéger, en oubliant qu'ils ne peuvent apprendre la vie qu'au travers de leurs propres expériences, comme ce fut aussi le cas pour nous.

Nous voulons que nos enfants apprennent à vivre en paix et en harmonie avec eux-mêmes, avec les autres et avec leur environnement. Nous cherchons à faire de la maison un lieu où ils apprennent à être autonomes et à réfléchir. Pour réussir dans cette entreprise, nous devons les traiter avec respect en les considérant comme des individus à part entière, qui se trouvent être sous notre protection. Les enfants ont besoin de sentir qu'ils sont bien comme ils sont. S'ils pensent qu'ils ne sont pas à la hauteur de nos attentes ou que nous sommes déçus par ce qu'ils deviennent, il y a de grandes chances que cela les marque sur le plan affectif toute leur vie.

Comment gérer
les colères

Quand l'enfant fait une colère, lui et ses parents peuvent en arriver à ne plus se maîtriser du tout. Mais il faut bien que l'un d'entre vous se comporte comme un grand.

« Les colères de votre enfant peuvent être une façon de voir jusqu'où il peut aller et comment vous allez réagir. »

Les colères sont fréquentes chez les tout-petits. Certains en font néanmoins pendant très longtemps s'ils savent que c'est un bon moyen pour obtenir ce qu'ils veulent. En règle générale, un enfant fait une colère parce qu'il est épuisé, affamé, submergé par une émotion ou qu'il ne se sent pas bien. En grandissant, il devient « rusé », et ses colères peuvent être une façon de voir jusqu'où il peut aller et comment vous allez réagir.

Les enfants choisissent toujours le plus mauvais moment pour faire une colère. Vous êtes au volant de votre voiture, vous faites des courses, vous êtes au restaurant ou chez des amis, et au moment où vous vous y attendez le moins, il vous fait une scène. Le premier réflexe consiste à tenter tout de suite quelque chose pour qu'il s'arrête. Vous êtes gêné et votre niveau de stress augmente. C'est alors que la plupart des parents menacent ou punissent leur enfant. Au lieu de cela, ils devraient se rappeler qu'une colère veut dire quelque chose, et que la seule chose qui marche vraiment, c'est d'essayer de comprendre les besoins de l'enfant et de les satisfaire.

Toutes les colères ne se ressemblent pas

Il y a une grande différence entre une colère due à la fatigue, à la faim ou à la maladie, et une colère faite par un enfant mécontent, frustré, et qui teste les limites de votre résistance. Dans le premier cas, il suffit de chercher la cause

de la colère, de rester calme et de bonne humeur, de lui donner à manger ou de le coucher, de le rassurer et de le réconforter. Même s'il peut être gênant de voir son enfant pleurer sans pouvoir rien faire dans un supermarché ou chez des amis, la colère a au moins pour origine un problème d'ordre physique, que vous pouvez traiter dès qu'il est identifié. Si vous faites tout pour rester maître de vous, vous y arriverez.

Le second type de colère s'apparente à une lutte de pouvoir. C'est une façon détournée pour l'enfant d'essayer d'affirmer son pouvoir dans une situation où il s'en sent totalement dépourvu. N'oubliez pas que, lorsqu'un enfant dit non ou qu'il fait une colère, il essaie de vous dire quelque chose. Restez calme, prenez du recul et essayez de décrypter le message. Il est possible que la seule chose qu'il veuille, c'est que vous l'écoutiez. Comme les adultes, les enfants ont parfois l'impression que personne ne les écoute.

Cherchez la cause

Votre enfant fait peut-être une colère parce qu'il est fatigué, affamé ou malade.

Quelques **conseils**

On a tous des habitudes. Réfléchissez
à celles qui pourraient être à l'origine
de colères, et agissez en conséquence :

• **Laissez-le à la maison** avec une
baby-sitter s'il a tendance à faire des
colères quand vous faites les courses.

• **Parlez-lui à l'avance** de ce que
vous allez faire, et ne modifiez rien
– les enfants n'aiment pas que l'on change
de programme au dernier moment.

• **Expliquez-lui** avant de faire quelque
chose ensemble quelles sont les limites
à ne pas dépasser. Par exemple, si vous
allez faire des courses et s'il veut que
vous lui achetiez un jouet, dites-lui à
l'avance ce que vous n'avez pas
l'intention d'acheter, puis tenez bon.

À toi de choisir ! Évitez les luttes de pouvoir en lui laissant parfois le choix.
Présentez-lui, par exemple, deux tenues que vous aimeriez qu'il mette et demandez-
lui laquelle il préfère – cela lui donnera l'impression de maîtriser les choses.

Résoudre les problèmes
Il est parfois difficile de savoir avec
certitude pourquoi un enfant fait une colère, parce qu'il est incapable
d'expliquer quel est le problème. Mais les parents savent en général identifier
certains symptômes et deviner les messages cachés.

• Si vous pensez qu'il fait une colère parce qu'il a faim, donnez-lui quelque
chose à manger dès que vous le pouvez, même si ce n'est pas l'heure du repas.
Prenez toujours avec vous quelque chose de sain à grignoter dans les cas
d'urgence comme celui-ci.

Si vous pensez qu'il est épuisé, évitez de trop parler et exprimez-vous avec douceur, ou bercez-le, ou bien emmenez-le sans attendre dans sa chambre ou dans un endroit où il pourra se reposer.

Si vous pensez qu'il est malade, exprimez-vous avec douceur et réconfortez-le pour l'apaiser. Si vous avez l'impression qu'il va vomir, demandez à quelqu'un de la maison de vous apporter un récipient et un gant de toilette chaud. Si une visite du médecin s'impose, organisez-vous en restant le plus calme possible.

Certains enfants ont du mal à gérer les phases de transition, qui peuvent dégénérer en colère. Quand vous êtes au parc et que vous vous apprêtez à partir, avertissez-le un petit moment avant : « On part dans dix minutes. Tu veux refaire un peu de toboggan ou de la balançoire ? » En l'informant à l'avance de votre départ et en lui laissant un choix, vous l'aiderez à passer le cap en douceur.

S'il est évident qu'il vous teste, restez calme et évitez de vous disputer avec lui. Exprimez-vous avec douceur et dites-lui gentiment que, même si vous comprenez sa colère, une règle est une règle. Par exemple : « Je sais que tu as très envie de rester jouer ici, mais il faut qu'on rentre pour manger. »

Si vous avez passé beaucoup de temps à bavarder avec un ami à table ou au téléphone, prenez le temps d'accorder suffisamment d'attention à votre enfant une fois que vous avez terminé.

Résistez à ses tentatives de vous faire revenir sur vos décisions, même s'il pleurniche, s'il réclame ou s'il essaie de profiter d'une situation. Essayez de le distraire avec un jeu dès qu'il commence à faire une colère. Mais s'il ne se calme pas, laissez-le dans son coin et mettez-vous dans un fauteuil pour lire, ou bien quittez la pièce. Évidemment, ne faites pas cela s'il y a un risque qu'il fasse quelque chose de dangereux.

Laissez-le respirer

Beaucoup de parents veulent en faire trop. N'oubliez pas que les tout-petits aiment respecter un programme fixé à l'avance et que passer sans arrêt d'une activité à une autre les met de mauvaise humeur et les fatigue. Parfois, c'est inévitable, mais réfléchissez-y avant d'inscrire votre enfant à un cours de danse, de gymnastique ou à n'importe quelle activité fixe. Courir d'une activité à l'autre est stressant pour tout le monde et risque de générer des colères. Prévoyez assez de temps afin de ne pas être obligé de vous dépêcher pour être à l'heure.

En finir avec les batailles autour du coucher

Le coucher peut être un moment privilégié ou, au contraire, tourner à la lutte de pouvoir entre parents et enfants. Un enfant peut refuser d'aller se coucher pour diverses raisons : il n'a pas envie qu'on lui dise d'aller se coucher ; il a peur de rater quelque chose ; il n'est pas fatigué ; il a simplement envie de rester avec ses parents. Comme dans n'importe quelle autre situation, réfléchissez au message caché derrière son comportement. Cherchez ensuite une astuce pour qu'il obtienne une partie de ce qu'il demande, mais aille tout de même au lit.

Mettre en place un rituel

Le rituel du coucher peut, par exemple comporter une petite collation, puis un bain, après lequel il se brosse les dents ; vous lui lisez ensuite une histoire, puis vous faites un câlin avant de le border et de l'embrasser en lui souhaitant une bonne nuit. Faites la même chose tous les soirs ; ce genre de rituel aide les enfants à trouver l'apaisement et à se sentir rassurés.

Il est préférable d'entamer le rituel une heure environ avant l'heure à laquelle vous espérez qu'il s'endormira. Le calme doit régner dans la maison. Ce n'est pas le moment de faire quoi que ce soit qui risquerait de l'exciter. Avertissez-le une dizaine de minutes avant le début du rituel. Il aura ainsi le temps de terminer ce qu'il était en train de faire. Essayez d'éviter les luttes de pouvoir en lui laissant le choix entre plusieurs options que vous considérez acceptables. Par exemple : « Tu veux que ce soit papa ou maman qui te borde aujourd'hui ? »

Si votre enfant a du mal à aller se coucher, essayez la visualisation guidée. Il s'agit d'une technique dans laquelle on décrit à l'aide de mots une expérience agréable et apaisante. On peut ajouter de la musique douce en arrière-plan, et même raconter une belle histoire, par exemple que vous allez tous les deux partir en voyage sur un tapis magique ou descendre un fleuve magnifique en bateau.

Les stratégies sont nombreuses. Vous pouvez aussi évoquer avec lui des souvenirs heureux : « Tu te rappelles quand tu étais petit et que je te portais sur mes épaules ? », ou le complimenter : « Je trouve que tu es très gentil avec les autres. Je suis vraiment fière d'être ta maman. » Vous pouvez enfin l'inciter à vous raconter sa journée en lui posant les bonnes questions, tournées de façon appropriée. Par exemple : « Qu'est-ce que tu as fait de beau aujourd'hui ? », plutôt que : « Qu'est-ce que tu as fait aujourd'hui ? », qui appelle souvent la même réponse : « Rien. »

> « Faites la même chose tous les soirs ; ce genre de rituel aide les enfants à trouver l'apaisement et à se sentir rassurés. »

Faites preuve de cohérence

Une fois le rituel du coucher terminé, sortez doucement de la chambre de votre enfant. Afin d'éviter qu'il se relève sans arrêt pour venir vous voir, prévenez-le : « Si tu te relèves pour venir me voir une fois que tu es couché, je te remets au lit – sauf s'il y a vraiment une urgence. » Ne cherchez pas à discuter et ne tenez bon. Restez calme, gentil et cohérent. Il est important d'être cohérent, sinon l'enfant enfreindra de plus en plus les règles pour voir si elles sont toujours valables. Mais ne soyez pas trop rigide non plus – les règles ont parfois besoin d'être mises de côté pour pouvoir réagir à une situation qui l'exige. Par exemple, s'il se réveille au milieu de la nuit et veut rester avec vous parce qu'il a peur ou qu'il est malade, suivez votre instinct.

Le rituel du coucher

Lire une histoire est très apaisant dans la mesure où elle entraîne doucement l'enfant vers le sommeil.

Une approche positive
de la discipline

Nombreux sont les parents qui croient que discipline est synonyme de punition, alors que la discipline consiste en fait à apprendre quelque chose à son enfant.

Action immédiate Votre enfant doit nettoyer lui-même ce qu'il a renversé : faites-en une règle du jeu.

Tous les enfants essaient jusqu'à un certain point de voir jusqu'où ils peuvent aller. En fait, tester les parents fait partie du processus normal de maturation d'un enfant. Quand un enfant teste ses parents, c'est sa manière d'exprimer des sentiments qu'il ne sait pas analyser. À partir de leurs réactions, il va progressivement apprendre comment gérer ses émotions de la façon qui convient. En vérifiant les limites qui lui sont imposées, il apprend que nous attachons vraiment de l'importance aux règles de politesse et de courtoisie. Cette façon d'agir, ce sont ses premiers pas hésitants vers l'autonomie, une tentative de nous démontrer que nous ne le maîtrisons pas totalement.

Les règles de la vie familiale
Établissez des règles de vie en famille et inscrivez-les sur une feuille. Affichez-les de façon que chacun des deux parents puisse s'y référer. Apprenez à votre enfant à bien faire les choses plutôt que de vous focaliser sur ses erreurs. Quelques règles de base suffisent pour rester fidèle à l'esprit de Maria Montessori :

• Chacun doit être traité avec respect.

• Lorsqu'on utilise quelque chose, on le remet correctement à sa place une fois que l'on a terminé.

• Quand on casse ou que l'on renverse quelque chose, on nettoie.

• On doit dire la vérité et ne pas avoir peur d'admettre que l'on a fait une erreur.

Vous devez être profondément convaincu de l'intérêt des règles de base qui s'appliqueront à toute la famille. Expliquez-les en étant positif, plutôt qu'en mettant en avant les interdits. Ces règles doivent permettre à l'enfant de savoir ce qu'il doit faire, de sorte que vous n'ayez pas à dire : « Ne fais pas ça ! » Apprenez-lui à les suivre de la même façon que vous lui apprenez à maîtriser une compétence de la vie quotidienne. Montrez-lui l'exemple par votre comportement, pour l'inciter à faire de même. Essayez de le surprendre en train de faire quelque chose de bien – le moindre petit pas dans la bonne direction doit être encouragé et reconnu. N'attendez pas qu'il soit parfaitement capable de faire quelque chose de nouveau pour le féliciter.

Apprendre à ranger

Montrez-lui comment ranger ses jouets quand il a fini de jouer avec.

Transgression Si l'une des règles que vous avez fixées interdit de monter sur le canapé et que vous trouvez votre enfant en train de sauter dessus, demandez-lui gentiment, mais fermement, d'arrêter. Rappelez-lui ensuite la règle qui avait été fixée, un point c'est tout.

Si votre enfant enfreint une règle de base, inutile de le gronder, de le menacer ou de le punir. Indiquez-lui une autre façon d'agir plus adaptée. Vous pouvez lui rappeler la règle de base et lui demander gentiment, mais fermement, d'arrêter. Si la situation n'est pas trop chargée sur le plan émotionnel (c'est-à-dire si vous savez garder votre sang-froid), vous pouvez en discuter avec votre enfant et réfléchir à la meilleure façon de gérer ce genre de situation. Soyez cohérent. Si vous n'arrivez pas à imposer à nouveau cette règle, elle ne devra plus faire partie des règles de base sous votre toit. Mieux vaut des règles peu nombreuses que des dizaines de règles qui ne sont généralement pas respectées.

Gérer les oppositions
Tôt ou tard, l'enfant finit par vous opposer un « non, je ne veux pas ! » catégorique. On entre dans le schéma classique de la lutte de pouvoir qui commence quand il est tout petit et se poursuit jusqu'à la fin de l'adolescence. Certains pensent que le cap des deux ans est un cap terrible à franchir, mais il n'y a aucune raison de le redouter (voir encadré ci-contre).

Les luttes de pouvoir conduisent à des situations où parents et enfants campent chacun sur leurs positions, aucun n'ayant envie de céder. Au fond de lui, chacun se sent à la fois frustré et menacé. Les parents pensent que les enfants empiètent directement sur leur autorité. Quant aux enfants, se sentant généralement impuissants, ils essaient d'affirmer leur autonomie et souhaiteraient un rapport de forces plus équilibré avec leurs parents.

Ne punissez pas, expliquez
Les menaces et les punitions ne sont pas un bon moyen pour apprendre aux enfants à bien se tenir. Quand un enfant est en colère ou qu'il affirme son indépendance, il a tendance à mal se conduire et se moque bien alors d'être puni. Certains feront remarquer que l'enfant qui craint les menaces et les punitions est soucieux de faire plaisir à ses parents et de regagner leur amour. On répondra à cela que l'enfant se plie de la même façon à n'importe quelle forme de discipline. Les punitions ont peut-être des effets immédiats, mais cela ne dure souvent pas longtemps et ne marche que sur les enfants qui craignent les menaces.

Apprenez à votre enfant à bien se conduire et insistez sur ce qui est positif, plutôt que de le gronder et de vous mettre en colère. Ce n'est pas toujours facile. Surtout, essayez de ne pas lui poser des questions auxquelles il n'y a pas de réponse, comme : « Combien de fois faudra-t-il que je te le répète ? », ce à quoi il conviendrait de répondre : « Je ne sais pas, papa ! Combien de fois faudra-t-il que tu me le dises ? » À question idiote, réponse idiote.

Des stratégies
pour éviter de dire « non »

Vous trouverez ici quelques conseils pour limiter les luttes de pouvoir :

• **Placez votre enfant devant une alternative.** Chaque fois que vous le pouvez, essayez de le laisser choisir entre deux options qui vous semblent toutes les deux acceptables. « Tu veux de l'eau ou du jus de fruits ? »

• **Apprenez à votre enfant à dire « non » poliment :** « Maman, je n'ai vraiment pas envie de faire ça maintenant. »

• **Rappelez-vous cette règle d'or :** la gentillesse et la courtoisie sont encore plus importantes entre mari et femme et entre parents et enfants qu'entre deux personnes totalement étrangères l'une à l'autre.

• **Ne cédez pas bêtement,** cherchez le moyen de faire machine arrière sans perdre la face. C'est souvent en trouvant un compromis que chacun obtiendra une partie, voire la totalité, de ce qu'il voulait.

• **Les luttes de pouvoir seront moins importantes** si vous accordez à votre enfant suffisamment d'autonomie et de responsabilités. Cela lui donne en effet le sentiment d'avoir du pouvoir et d'être grand.

• **Réservez le « non » pour les sujets vraiment importants,** par exemple si votre enfant entreprend quelque chose où il risque de se blesser, ou de blesser les autres, ou encore de provoquer des dégâts.

Comment lui apprendre
la politesse
et la courtoisie

Vous pouvez aider votre enfant à apprendre à bien se comporter
en lui proposant des jeux qui lui enseignent les bonnes manières.

Coup de main La politesse et
la courtoisie, c'est aussi savoir aider
les plus petits.

Peu de gens semblent conscients de l'intérêt qu'il y a à enseigner aux enfants le
savoir-vivre. Dans les écoles Montessori, les leçons « de politesse et de courtoisie »
– exercices qui se font sur le ton du respect et de la gentillesse – font partie du
programme au même titre que les matières traditionnelles. Nous montrons aux
enfants comment se serrer la main, saluer un ami et dire au revoir. Nous leur
expliquons comment interrompre quelqu'un qui est occupé et comment dire
poliment « non, merci » à quelqu'un. Nous leur apprenons comment parler quand
ils sont à l'intérieur et comment jouer gentiment. Nous leur montrons comment
présenter des excuses sincères et comment résoudre les conflits pacifiquement.

Des leçons simples
La première étape consiste à exposer une
situation en termes simples et à montrer comment la gérer correctement. Ensuite,
l'enfant doit s'entraîner avec vous, chacun jouant son rôle dans les différentes
séquences. Les enfants adorent ces leçons à condition qu'elles soient courtes et
qu'ils n'aient pas peur de faire des erreurs.

Si votre enfant a, par exemple, tendance à hurler à pleins poumons à l'intérieur
de la maison, vous devez lui montrer comment faire pour qu'il ne gêne personne.
Tout d'abord, quand cela se produit, ne le grondez pas ; demandez-lui poliment,
mais avec fermeté, de parler doucement. Ensuite, choisissez un moment où vous

Répondre au téléphone
Marie sait répondre poliment
au téléphone, écouter
attentivement, puis transmettre
le message.

Leçons de
courtoisie

Quelques idées supplémentaires pour lui apprendre la gentillesse et la courtoisie :

• dire « s'il te plaît » et « merci »

• parler avec douceur, sans geindre ni crier

• comment demander si l'on peut jouer aussi

• comment se présenter

• comment ouvrir et fermer les portes

• que faire lorsqu'on a envie de tousser ou d'éternuer

• encourager et féliciter les autres

• laisser passer les gens devant soi

• dire « excusez-moi » lorsqu'on se cogne contre quelqu'un

• répondre poliment si quelqu'un vous appelle ou prononce votre nom

• contourner les endroits où les autres enfants travaillent ou jouent par terre et ne pas essayer de les enjamber

• apprendre à attendre

• ne pas interrompre les autres lorsqu'ils parlent

• répondre poliment au téléphone

êtes tous les deux calmes et sereins pour lui apprendre comment on doit parler à l'intérieur d'une maison. Parlez-lui simplement. Dites, par exemple : « Je vais t'expliquer comment on parle à l'intérieur d'une maison. Dehors, il y a tellement d'espace qu'on est parfois obligé de crier pour s'entendre. Dehors, cela ne nous fait pas mal aux oreilles d'entendre quelqu'un parler fort. Dehors, on peut parler comme on veut. À l'intérieur, en revanche, quand on parle trop fort, cela fait mal aux oreilles et cela peut gêner les voisins. À l'intérieur, on doit faire attention. »

Faites ensuite la démonstration de ce que vous venez d'expliquer. Parlez très fort et demandez-lui : « Est-ce que j'ai parlé comme on doit parler dehors ou à l'intérieur ? » Parlez ensuite normalement. « Qu'est-ce que tu en penses ? Est-ce que j'ai parlé comme on doit parler dehors ou à l'intérieur ? À l'intérieur on parle doucement, dehors on peut parler fort. »

On peut ainsi faire passer toutes sortes de messages : lui apprendre à dire « s'il te plaît » et « merci », ou à ne pas claquer les portes. Dans certaines familles, on se concentre sur un objectif par semaine. On introduit chaque semaine une nouvelle règle de courtoisie et on s'entraîne à la respecter au quotidien dans la maison et au cours des repas.

Un entourage modèle
Pour qu'un enfant apprenne les bonnes manières, ses parents, ses frères et sœurs et les amis de la famille doivent les appliquer eux aussi. L'exemple que nous donnons par notre comportement a beaucoup plus d'impact que ce que l'on peut dire. Les enfants enregistrent tout ce qu'ils nous voient faire, surtout quand ils sont tout petits, et ils ont vite fait de parler et d'agir comme nous. Nous sommes leur modèle.

Dans la mesure où son entourage est susceptible de l'influencer profondément, choisissez soigneusement les personnes que votre enfant fréquentera. Évitez les situations confuses et bruyantes où les enfants sont trop nombreux et s'excitent entre eux, ce qui les amène à se comporter de façon grossière.

Sélectionnez les camarades de jeu de votre enfant. S'il passe du temps dans une famille où les enfants ont le droit de tout dévaster dans la maison, ne vous étonnez pas qu'il se comporte de la même façon une fois chez vous. Essayez de savoir si les parents de ses copains surveillent leurs enfants. Les laissent-ils faire ce qu'ils veulent ? Vous n'avez pas à juger les autres familles ni leur façon de faire, mais vous devez, en revanche, faire les bons choix pour votre enfant.

Apprendre la gentillesse, la courtoisie et les bonnes manières

SALUER LES INVITÉS Apprenez-lui comment on accueille les visiteurs chez soi.

ATTENTION ET COMPASSION Incitez-le à témoigner de la compassion lorsque l'un de ses copains est contrarié.

À TABLE Apprenez-lui à tirer et à repousser sa chaise, et à s'asseoir correctement dessus.

COORDINATION ET MAÎTRISE Pour lui faire travailler l'équilibre et la coordination, faites-le marcher le long d'une ligne en regardant où il va.

TRANSPORTER PRUDEMMENT Apprenez-lui à transporter les choses en les tenant à deux mains et en les posant ensuite avec précautions.

DIRE AU REVOIR L'amitié, ça s'apprend aussi, notamment en vous voyant saluer chaleureusement les gens.

ACTIVITÉ

La table des négociations, ou comment résoudre les problèmes autour d'une table

De temps en temps, les enfants se chamaillent entre frères et sœurs ou entre copains. Le motif de la dispute est parfois tout bête – chacun prétend, par exemple, que c'est son tour de jouer – ou plus grave – des problèmes de copinage. Ils se mettent quelquefois dans un tel état qu'ils sont incapables de discuter raisonnablement entre eux. C'est là que la table des négociations peut être utile. Elle constitue un territoire d'apaisement dans la mesure où elle exige que l'on suive une procédure qui tue le conflit dans l'œuf.

La table des négociations est une table d'enfant équipée de deux chaises, d'une cloche et d'une fleur ou de n'importe quel objet décoratif symbolisant la paix (rose, rameau d'olivier ou colombe). Si vous manquez de place, utilisez simplement deux chaises ou un tapis dans le coin d'une pièce, ou même une marche d'escalier. Une fois que les enfants sont habitués à ce rituel, ils s'asseyent souvent d'eux-mêmes à la table des négociations, sans y avoir été invités ; parfois, c'est un parent ou un aîné ayant vu naître le conflit qui va demander aux intéressés d'essayer de résoudre leur problème autour de la table des négociations.

Une fois réunis autour de cette table, les enfants doivent suivre une procédure définie. Celui qui se sent particulièrement lésé met une main sur la table et l'autre sur le cœur pour indiquer qu'il dit la vérité, du fond du cœur. Il regarde ensuite l'autre enfant, dit son nom et explique ce qu'il ressent face à ce qui s'est passé et comment il voudrait que le conflit se règle.

Paix et harmonie

En s'asseyant à la table des négociations, les enfants apprennent à maintenir un esprit d'harmonie et de coopération dans leur environnement.

Régler les conflits Tout a commencé par une simple dispute autour d'un jouet. Puis Ninon et Tom en sont venus aux mains et rien ne peut les ramener à la raison.

Vient ensuite le tour de l'autre enfant, et le dialogue se poursuit jusqu'à ce qu'u accord ait été trouvé. Si les enfants n'y arrivent pas tout seuls, un médiateur pe les y aider – cela peut être un aîné ou l'un des parents. Si le problème est tro compliqué, ils peuvent demander la réunion d'un conseil de famille : la famil entière écoute alors les versions respectives des enfants.

L'intérêt de la table des négociations est que l'enfant prend conscience qu quels que soient son âge, sa taille ou sa position dans la fratrie, son point de vu sera entendu et qu'il ne sera pas traité de façon injuste. Il en tire la leçon que l conflits doivent se régler en toute franchise et avec de la bonne volonté, manière à maintenir une atmosphère d'harmonie et de coopération à la maison

LE TEMPS DES POURPARLERS

Ninon et Tom font un effort pour régler leur conflit : ils prennent place à la table des négociations.

A VERSION DE TOM Tom met une main sur la table et l'autre sur son cœur. explique calmement à Ninon ce qui e contrarie dans son comportement.

LA VERSION DE NINON

Ninon fait ensuite de même. Une main sur la table et l'autre sur le cœur, elle réagit à ce que Tom vient de dire.

ACCORD DE PAIX Une fois que Ninon et Tom pensent avoir résolu leur problème, ils saisissent tous les deux la cloche pour la faire sonner, afin d'informer le reste de la famille que le conflit est terminé.

La télévision :
liberté surveillée

La télévision est une source importante de conflits dans de nombreux foyers.
Établissez des règles de base applicables à toute la famille, et appliquez-les.

Enfants sous hypnose Les enfants peuvent rester passifs pendant des heures devant un poste de télévision si on les laisse faire.

Autrefois, les valeurs inculquées aux enfants et leur connaissance du monde subissaient l'influence culturelle de quatre milieux : la maison, l'école, les organisations religieuses et leurs pairs. Aujourd'hui, la télévision constitue un cinquième facteur, et sa puissance est considérable. La plupart d'entre nous n'en ont pas conscience et exercent peu de contrôle sur celui-ci. C'est dommage, surtout si l'on considère que la télévision joue trop souvent le rôle de baby-sitter.

Des parents passifs
Le fait de ne pas contrôler ce que les enfants regardent à la télévision pose plusieurs problèmes. La violence qu'elle montre en est un majeur. En une année seulement, un enfant peut voir des milliers de meurtres, bagarres, accidents de voiture et explosions en tout genre. Les valeurs défendues par certains producteurs et l'approche qui semble le mieux convenir à la résolution du problème sont sans aucun doute différentes des vôtres. Autre problème majeur : la télévision hypnotise les enfants. De nombreux parents constatent que leur jeune enfant peut rester scotché pendant des heures devant les émissions du mercredi, ce qui s'apparente littéralement à un état de transe. Regarder la télévision est au mieux une expérience passive. Elle n'exige aucune réflexion, aucune imagination et aucun effort. Certaines émissions pour enfants sont de qualité et instructives, mais la majeure partie d'entre elles est souvent loin d'être intéressante.

Contrôle parental Si vous pensez qu'une émission est de qualité tout en ayant peur que son contenu ne choque vos enfants, regardez-la avec eux et discutez-en ensuite ensemble.

Établir des règles
Il est préférable de consommer la télévision à petites doses, en réfléchissant à ce qu'il convient de regarder. Un enfant n'a vraiment pas besoin de télévision pour se distraire. Établissez des règles applicables à toute la famille, en choisissant celles qui vous paraissent les plus opportunes. Décidez des émissions que vous voulez bien que votre enfant regarde, et limitez le temps passé quotidiennement devant le petit écran. Laissez-lui le plus d'options possible : « Tu peux choisir l'émission que tu veux parmi celles-ci ; mais tu ne peux pas en regarder plus de deux par jour. Qu'est-ce que tu veux regarder aujourd'hui ? »

Certains parents décident au cas par cas de laisser leur enfant regarder ou non la télévision. Si les émissions sont parfois de qualité, leur contenu peut cependant choquer ou perturber les enfants. Dans ce cas, il est préférable que toute la famille regarde l'émission et discute ensuite des problèmes qu'elle soulève.

Quant aux vidéos et aux DVD, préférez ceux qui ont une composante éducative, mais limitez tout de même le temps que votre enfant passera devant.

CHAPITRE
CINQ

Découvrir
de nouveaux
horizons

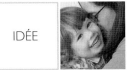 IDÉE

Scientifiques en herbe

Les enfants sont par nature curieux. Incitez le vôtre à observer le monde et à s'émerveiller de tout ce qu'il y voit.

« L'univers de votre enfant se situe à proximité du sol. Alors regardez les choses comme il les voit. »

D'après Maria Montessori, tous les enfants sont des « scientifiques en herbe » dans la mesure où ils prennent plaisir à observer les choses et à découvrir le pourquoi et le comment de leur univers. Les bébés et les tout-petits testent leur environnement pour voir ce qui se passe quand, par exemple, ils font tomber un jouet de leur chaise haute ou jouent avec l'eau de leur bain. Cette soif de découverte est toujours présente quand l'enfant grandit et s'affirme dans ses expériences, qui peuvent aller du gâteau confectionné avec de la boue dans le jardin à l'élevage de vers dans le séjour. L'enfant naît avec une imagination extraordinaire et un désir extrême d'explorer le monde. Encouragez ce penchant naturel chez votre enfant et aidez-le à découvrir la beauté et le côté magique de tout ce qui l'entoure.

Un regard d'enfant
N'oubliez pas que l'univers de votre enfant se situe à proximité du sol. En regardant les choses de son point de vue, vous redécouvrirez l'émerveillement de vos jeunes années. Tenez compte de la lenteur à laquelle son monde tourne. Laissez-vous guider par votre enfant et examinez avec lui tout ce qui retient son attention – par exemple, une coccinelle ou une fleur. Ne vous impatientez pas s'il traîne et suivez son rythme.

La meilleure façon d'apprendre est de faire les choses, pas d'en entendre parler. C'est particulièrement vrai lorsqu'on est petit, mais la règle s'applique également

aux enfants plus âgés et même aux adultes. Quand les enfants sont petits, ils ne se bornent pas à apprendre, ils apprennent aussi comment apprendre. Aucun livre fait de mots et d'images décrivant le monde qui existe autour d'un petit ruisseau ou sous un rondin de bois en décomposition ne remplacera jamais le temps passé à étudier de près la réalité. Les livres et autres supports aident les enfants à se remémorer des impressions et des expériences vécues avec intensité, mais l'essentiel se construit à partir de l'observation directe et de l'expérience tactile.

Le monde extérieur
Les enfants adorent être dehors, se balader, grimper aux arbres, cueillir des baies, ramasser des marrons. Ils aiment participer à l'entretien du jardin ou donner à manger aux petits animaux comme les canards, les lapins et les poules. Les journées passées à randonner dans les bois avec leurs parents, à jouer dans une crique ou à marcher le long d'une plage à la recherche de coquillages resteront gravées à jamais dans leur mémoire.

La vie de votre enfant à l'extérieur débutera sans doute par de petites promenades en poussette ou sur votre dos. Prenez le temps de lui présenter ce monde nouveau. Même les tout petits bébés absorbent ce qu'ils entendent et voient au-dehors – les nuages qui défilent au-dessus d'eux, la couleur et l'odeur des fleurs dans le jardin, le vent qui agite les feuilles des arbres. Tout cela leur laisse une impression forte et

Une perspective différente

L'enfant voit le monde à un niveau différent de celui des adultes. Mettez-vous à son niveau et regardez ce qu'il voit.

durable. Quelle que soit la saison, la nature est belle. Attirez l'attention de votre enfant sur de petits détails : par exemple, une minuscule fleur pointant la tête hors de la neige, ou un beau coquillage, ou encore une feuille parfaite.

Au fur et à mesure que votre enfant grandit, montrez-lui les choses familières que vous voyez au cours de votre promenade : « Regarde, c'est la maison de mamie ! Regarde comme les fleurs qui sont devant sa porte sont belles ! », ou : « Oh, Marie, regarde le nid que les oiseaux ont fait dans l'arbre. Un jour, ils pondront des œufs et il y aura des bébés oiseaux là-haut ! » L'hiver, si vous voyez des traces d'animaux dans la neige, demandez-lui : « Qui a marché là ? »

Gardiens de la planète
L'une des idées essentielles de Maria Montessori est que les enfants sont les gardiens de la Terre, et qu'ils doivent apprendre à préserver pour le futur aussi bien des endroits lointains comme les forêts tropicales et les calottes glaciaires que des coins de nature en ville ou en banlieue. Apprenez à votre enfant à vénérer la vie. Car nous faisons en effet tous partie intégrante de ce réseau que constitue la vie, et notre propre existence dépend de l'équilibre fragile qui existe au sein de la nature. Ainsi, on enseigne souvent aux enfants que la terre est quelque chose de sale, alors qu'on devrait leur dire de respecter la bonne terre riche qui permet à la vie d'exister sur notre planète.

Insistez sur la nécessité de traiter tous les êtres vivants avec soin. Apprenez à votre enfant à ne pas cueillir sans raison des fleurs ou des feuilles pour les jeter ensuite. Il faut au contraire qu'il ait une bonne raison pour cela. Même s'il est bien agréable de cueillir de temps en temps des fleurs sauvages pour ensuite les faire sécher ou bien les mettre dans un vase rempli d'eau afin de les garder le plus longtemps possible, il ne doit pas ramasser de fleurs ou de plantes en trop grande quantité. Apprenez-lui à fouler le sol avec douceur et à ne prendre que ce dont il a besoin.

Incitez-le à profiter de la forêt ou des prés sans jamais rien laisser derrière lui. Apprenez-lui à ne jamais jeter de détritus. Si vous en voyez par terre, ramassez-les et transportez-les jusqu'à ce que vous puissiez les mettre dans une poubelle. C'est notamment le cas des bouteilles, des éclats de verre, des boîtes de conserve et des sacs en plastique, qui non seulement sont peu agréables à voir, mais qui peuvent aussi blesser les animaux. Pour pouvoir ramasser ce genre de détritus en toute sécurité, emportez avec vous un vieux sac de toile. Quand votre enfant sera assez grand, vous lui en donnerez un pour qu'il puisse lui aussi les ramasser.

Activités de
jardinage

En participant à l'entretien du jardin, l'enfant acquiert des compétences pratiques et satisfait son besoin de découverte.

« Il est rare qu'un enfant qui a cultivé lui-même ses légumes n'ait pas envie de les manger ensuite. »

Essayez de réserver un coin de jardin à votre enfant pour qu'il puisse se livrer à des expériences et faire pousser des choses. Dès le plus jeune âge, les enfants peuvent suivre le cycle des saisons. Cela commence par les semis en intérieur ou sous châssis froid. Les enfants peuvent ensuite mettre leurs plants en terre dans le jardin dès qu'il ne risque plus de geler, puis entretenir le jardin et regarder pousser les fruits et les légumes jusqu'à ce qu'il soit temps de les récolter. Pour un jeune enfant, aller au jardin pour en rapporter un panier de laitues, d'oignons printaniers ou de tomates qu'il a contribué à faire pousser a quelque chose de merveilleux. Et il est rare qu'un enfant qui a cultivé, cueilli et lavé lui-même ses légumes n'ait pas envie de les manger ensuite.

N'oubliez pas les plantes aromatiques. L'arôme du basilic, de la sauge ou du fenouil frais mérite une place dans les souvenirs d'enfance de votre enfant. Le fait qu'il puisse les cueillir et les manger tout en colorant et en parfumant les plats est également appréciable.

Des outils à sa taille

On trouve dans le commerce des outils de jardin, des arrosoirs et des brouettes pour enfants. Installez des râteliers dans votre garage ou votre abri de jardin pour que votre enfant puisse y ranger les siens, et apprenez-lui à les nettoyer avant de

Jardinier en herbe Montrez à votre enfant comment planter des bulbes et s'occuper des plantes du jardin.

es remettre à leur place une fois la journée terminée. Achetez-lui des gants de ardinage à sa taille et un tablier de jardinier en toile verte épaisse pour lui inculquer es notions de propreté et d'ordre. Trouvez-lui des paniers à sa taille pour qu'il ouisse y mettre ses récoltes de fleurs, de fruits et de légumes quand ces derniers ont mûrs et prêts pour la cueillette.

Si l'espace est limité

Si vous n'avez pas de jardin, donnez-lui une jardinière ou un jardin en pot. Si la erre est bonne et si l'arrosage et l'ensoleillement sont suffisants, il pourra avoir eaucoup de cultures dans un espace limité – fraises, tomates, poivrons, haricots t plantes aromatiques sont faciles à cultiver. L'un des gros avantages du jardinage n pot est qu'il se fait à une hauteur très commode pour un petit enfant.

Le pouvoir des fleurs

Gardez un peu d'espace dans votre jardin pour les fleurs. Mettez-y les fleurs qui oussent habituellement dans votre région, ainsi que des annuelles et des vivaces

ui font la beauté de nos jardins et de nos tables. Apprenez à votre enfant à les cueillir et à les disposer dans de petits vases dans la maison. Les jeunes enfants préfèrent souvent mettre une belle fleur dans un tout petit vase plutôt que de faire de gros bouquets. Pour cela, conservez les bouteilles qui ont une jolie forme, comme celles de Perrier ou d'Orangina.

Laissez le matériel dont votre enfant a besoin pour faire ses bouquets sur une étagère basse, à sa portée. Outre les petits récipients de toutes sortes, il aura besoin d'un petit sécateur pour couper les fleurs, d'une petite carafe, d'un entonnoir pour verser l'eau dans les bouteilles ou les vases à ouverture étroite et d'une éponge pour nettoyer. Vous pouvez aussi y ajouter de petits napperons à mettre sous les vases. Grâce à ses bouquets de fleurs, l'enfant introduit la nature dans la maison. Ils embellissent les pièces et augmentent sa sensibilité aux différentes plantes.

Le vocabulaire du jardin

Apprenez à votre enfant le nom correct de chaque fleur, chaque fruit et légume lorsque leur saison arrive. Il ne lui faudra pas longtemps pour être capable de nommer tout ce qui pousse dans le jardin. Vous pouvez aussi lui apprendre les adjectifs qui permettent de les décrire : rouge, grand, petit, long, rugueux, soyeux, etc. Beaucoup de plantes s'utilisent en cuisine et dans la vie quotidienne. L'aloès, par exemple, est un remède extraordinaire à appliquer sur les égratignures et les brûlures.

Accrochez aux murs de belles images de plantes et de fleurs – photos en gros plan ou reproductions de tableaux célèbres. La bibliothèque de votre enfant doit comporter quelques-uns des merveilleux livres qui existent sur les fleurs, les animaux et la nature. Souvent, les enfants aiment bien retrouver dans leurs livres les reproductions des fleurs ou des feuilles qu'ils ont dans leur jardin.

Art et matériaux naturels

N'oubliez pas que toutes sortes de techniques font appel aux fleurs, aux feuilles, aux graines et aux herbes. Les enfants adorent créer des œuvres d'art à partir de matériaux naturels. Ils peuvent apprendre à utiliser une petite presse pour écraser les feuilles et les fleurs sans les abîmer et en faire du scrapbooking. Ils peuvent tresser des herbes ou confectionner de petits paniers en aiguilles de pin. Les glands et les aiguilles de pin peuvent être employés de multiples manières, par exemple en décoration de table. Les branches de nombreux feuillus ont une belle écorce qui peut servir à faire des collages.

Un compagnon
bien utile

Il n'y a pas mieux pour inciter votre enfant à apprécier les êtres vivants que d'en inviter certains à partager la vie de famille. Les animaux de compagnie sont un moyen de lui inculquer la compassion et le sens des responsabilités. Même un tout petit enfant peut laver la gamelle d'un animal et la remplir de nourriture. Les plus grands peuvent apprendre à nettoyer une cage ou à sortir le chien pour sa promenade. Si votre maison le permet, pourquoi ne pas y installer quelques petits animaux de ferme – lapins ou poules par exemple –, en plus des chiens et des chats ? Les animaux sont nos compagnons sur terre. Nous savons que l'homme, les plantes et les animaux sont tous interdépendants. De plus en plus de gens pensent que les animaux méritent d'être bien traités et protégés de la cruauté de certains. Cet état d'esprit se forge en tout premier lieu au sein de la famille.

ACTIVITÉ

Promenades dans
la forêt

Faites régulièrement en famille des promenades
dans la campagne ou au parc pour explorer la nature.

Afin de rendre les promenades plus attirantes, fixez un objectif – demandez à chacun de vos enfants de ramasser des échantillons de quelque chose de particulier, par exemple différentes sortes de fleurs, de feuilles, de cailloux ou d'herbes. Chaque enfant peut transporter un petit sac pour y mettre ses spécimens. Expliquez-leur qu'un spécimen est un échantillon de quelque chose que l'on trouve intéressant ou que l'on veut étudier de près. Vous pouvez fixer une limite par enfant (par exemple, trois à cinq échantillons au maximum).

Pendant la promenade, racontez à vos enfants ce que vous êtes en train de vivre. Parlez-leur du temps et des saisons. Que remarquent-ils ? Comment est le ciel ? Fait-il soleil ? Y a-t-il des nuages ? Montrez-leur des choses qu'ils n'auraient peut-être pas remarquées, comme les couleurs des feuilles d'automne ou des particularités liées aux saisons. Tout en marchant, incitez-les à rester calmes afin d'entendre les bruits de la nature et de pouvoir observer celle-ci.

Ne vous laissez pas impressionner par le mauvais temps. Cela ne fait pas de mal aux enfants de sentir la pluie ou le vent sur leur visage. Ne les sous-estimez pas : un enfant peut parcourir 1,5 kilomètre par année d'âge. Arrêtez-vous pour goûter ou pique-niquer ; cela leur laissera le temps de reprendre des forces et de regarder autour d'eux.

Dehors, on peut :

suivre un écureuil – adopter un arbre – se rouler dans les feuilles – s'asseoir au bord d'un lac et regarder les canards – chercher des fraises des bois – chercher des cailloux originaux – chercher des fleurs sauvages (ne pas les cueillir, les observer et essayer de se souvenir) – se coucher sur le dos, la tête appuyée contre un tronc, et regarder dans les branches – écouter le vent – observer des oiseaux dans leur nid – suivre un papillon – étudier les ombres projetées par le soleil – apprendre le nom des arbres qui sont autour de la maison – étudier la forme des feuilles – faire des dessins avec un fusain, du papier-calque et une écorce d'arbre – ramasser des graines – chercher les arbrisseaux minuscules – chercher des pommes de pin – chercher des traces d'animaux – chercher un arbre mort dont le bois a commencé à pourrir – observer tout ce qui vit à l'intérieur de ce tronc – rester immobile les yeux fermés – écouter les cris des oiseaux – chercher des bébés fougères – humer la brise – chercher un petit ravin où les fées se plairaient – faire un pique-nique dans un pré – dévaler une colline en faisant l'avion avec les bras – faire flotter des bateaux en branchages sur l'eau d'un ruisseau – ramasser les détritus le long du chemin – chercher des champignons (mais ne surtout pas les manger !).

APPRENDRE À OBSERVER Prenez le temps de vous arrêter et d'examiner ensemble les choses qui retiennent l'attention de votre enfant. Informez-le sans le noyer sous trop de détails ; demandez-lui plutôt de décrire ses découvertes.

Préserver la nature

Une fois rentrés à la maison, videz le contenu des sac sur une feuille de plastique et demandez à vos enfants de vous décrire ce qu'ils on ramené. Est-ce quelque chose de vivant ou non ? Où l'ont-ils trouvé ? Qu'est-ce qu'il savent de leur spécimen ? À l'occasion d'autres promenades, concentrez toute votr attention sur le temps, sur les oiseaux ou sur les bruits de la forêt, et inscrivez dans u carnet ce que les enfants voient et entendent. Expliquez-leur que s'ils recueillent de spécimens lors de chaque promenade, il ne restera un jour plus rien dans la nature.

UNE FEUILLE INTÉRESSANTE
Les feuilles sont très intéressantes parce qu'elles varient selon les saisons. Demandez à votre enfant de vous décrire leur forme, leur couleur et leur texture.

ÊTRES VIVANTS Regarder un ver ramper sur une feuille est à la fois passionnant et divertissant pour votre petit scientifique.

REGARDER Montrez-lui comment utiliser des jumelles pour observer les oiseaux. Emmenez un petit guide avec vous pour qu'il puisse identifier ceux qu'il voit.

RÊVER Marchez au rythme de votre enfant en le laissant s'arrêter s'il a besoin de se concentrer sur ce qu'il voit ou sur ce qu'il ressent. S'asseoir sous un arbre pour le regarder peut vous offrir une perspective nouvelle.

Le petit musée de la nature

Aidez votre enfant à créer son propre coin de nature avec les spécimens qu'il ramène de promenade. Il pourra ainsi les observer et apprendre des tas de choses.

Matériel du naturaliste en herbe

Objets très utiles dans un petit musée de la nature :

- loupe
- microscope
- loupe monoculaire posée sur un trépied
- amplificateurs
- boîtes et pots à insectes
- terrarium
- boîte à fourmis
- aquarium
- cage à oiseaux
- cage à criquet
- guides nature pour identifier les trouvailles
- étiquettes en carton

En général, les enfants adorent ramener à la maison des échantillons trouvés dans la nature. Donnez à votre enfant un endroit où déposer ses trésors, il en sera ravi. Selon l'espace dont vous disposez, son coin de nature sera une simple table « à trésors », ou bien un aquarium ou un terrarium abritant les punaises, scarabées, tortues, grenouilles et autres petits animaux qu'il a trouvés et qu'il veut garder un peu avec lui.

Chez nous, nous avions baptisé notre musée de la nature l'auberge de la Goutte de Rosée. Au printemps et au début de l'été, nous cultivions dans de petits pots des fleurs sauvages et de petits arbres trouvés dans les bois des environs. Nous ramenions des chenilles que nous mettions dans un terrarium pour pouvoir observer la formation des chrysalides, puis la naissance des papillons. Nous ramassions des œufs de grenouille et nous les regardions se transformer en têtards, que nous relâchions ensuite dans la mare près de la maison. De temps en temps, nous faisions même éclore des poussins dans un incubateur. Et, bien sûr, point d'orgue de chaque année, nous assistions à la naissance d'une portée de chatons ou de chiots.

Dehors, dedans
Nos enfants étudiaient les fleurs, comparaient les différentes espèces, comptaient les pétales et les étamines. À l'automne, ils cueillaient des fruits, des noix et des baies, notaient où ils les trouvaient et cherchaient à savoir quel animal en était friand. Ils ramenaient des spécimens dans

leur musée de la nature pour les identifier, les étiqueter et les exposer. Ils ramassaient aussi des fleurs et des feuilles qu'ils aplatissaient, puis fixaient sur du carton ou dans des albums. Ils présentaient sur de petites étagères leurs collections de trésors : ruches abandonnées, nids et œufs d'oiseaux, peaux de serpent, morceaux d'arbres et échantillons de bois d'arbres qu'ils connaissaient, cocons, insectes piqués sur un support et os d'animaux.

Des terrariums et des aquariums bien fermés abritaient momentanément de nombreuses familles de fourmis, caméléons, tritons, poissons et tortues en visite chez nous. Des boîtes vitrées sur un côté permettaient aux enfants de voir pousser les racines de leurs plantes. Elles leur plaisaient beaucoup quand ils étaient petits.

En grandissant, votre enfant aura peut-être envie de noter dans un journal les observations faites sur le terrain ou à la maison. Incitez-le à écrire des poèmes et des histoires qui restituent le côté merveilleux et la beauté de ce qui l'entoure. Souvent, les grands enfants aiment bien dessiner ou photographier la nature, que ce soit un paysage ou simplement une fleur ou un champignon ramenés à la maison et posés sur une étagère.

Espionnage Lucas observe les choses de près grâce à sa loupe monoculaire.

Jeux autour de la nature

Il existe de nombreux jeux permettant aux enfants d'apprendre des choses sur le monde qui les entoure. En voici trois.

Si vous recevez un groupe d'enfants pour une occasion particulière comme un goûter d'anniversaire, faites-les jouer à des jeux qui leur apprendront quelque chose sur la nature tout en les divertissant.

Le jeu de la mare

Ce jeu se joue à au moins huit joueurs – il vaut peut-être mieux y jouer dans le jardin plutôt que de risquer de mouiller le tapis du salon ! Dites aux enfants qu'ils vont représenter un animal, par exemple une antilope, venant boire la nuit dans une mare. L'un des enfants est son prédateur, par exemple un puma. Il s'assied au milieu d'un grand cercle, entouré de verres d'eau. Il porte un masque et il est « armé » d'un vaporisateur d'eau. Une par une les antilopes

Le prédateur et sa proie
Le puma est tranquillement assis, attendant de pouvoir attraper une antilope.

avancent lentement pour venir boire : elles prennent un verre d'eau et le ramènent à leur place. Le puma ne peut pas les voir et ne peut se fier qu'à son oreille. S'il entend une antilope qui approche, il peut sauter et lancer un jet d'eau en direction du bruit. Lorsqu'un enfant est arrosé, il est éliminé. Le jeu est terminé quand toutes les antilopes ont bu ou ont été « prises ».

Jeu de chat version nature

Les enfants adorent imaginer qu'ils sont l'un des animaux d'une chaîne alimentaire.

Le jeu de la chaîne alimentaire

Cette variation du jeu de chat est destinée à inculquer aux enfants les principes fondamentaux d'une chaîne alimentaire simple. Choisissez une chaîne alimentaire composée de quatre niveaux et expliquez-la aux enfants. Par exemple, les plantes sont mangées par les sauterelles, qui sont à leur tour mangées par les grenouilles, qui sont à leur tour mangées par les éperviers, dernier maillon de cette chaîne.

• Répartissez les enfants en trois groupes. S'ils sont dix, il y aura sept sauterelles, deux grenouilles et un épervier.

• Donnez à chaque « sauterelle » un petit sac en plastique, qui représente le minuscule ventre de cet animal. Accrochez un large ruban marron au bras de chaque sauterelle.

• Donnez à chaque « grenouille » un sac plus grand, représentant le ventre, plus gros, de cet animal. Accrochez un large ruban jaune au bras de chaque grenouille.

• Donnez à l'« épervier » un grand sac en plastique. Il représente le ventre encore plus gros de cet animal. Accrochez un large ruban vert au bras de l'épervier.

• Videz ensuite un grand sac de pop-corn sur le tapis ou sur la pelouse pour représenter les plantes que les sauterelles mangent. Expliquez aux sauterelles comment « manger » le pop-corn en se baissant pour le ramasser grain par grain avant de le mettre dans leur sac en plastique. Lancez les grenouilles à la poursuite des sauterelles ; quand elles en attrapent une, elles doivent transvaser le contenu de son ventre (le sac en plastique) dans leur propre ventre, et la sauterelle est alors éliminée. Lancez l'épervier à la poursuite des grenouilles ; là aussi, quand il en attrape une, il vide le contenu de son ventre dans le sien et la grenouille est éliminée. Au bout de cinq minutes, on compte le nombre de sauterelles et de grenouilles encore en jeu, autrement dit celles qui ont survécu à leur prédateur.

« Le jeu de la chaîne alimentaire enseigne aux enfants les principes fondamentaux d'un écosystème équilibré. »

Le jeu du fil de la vie

Voici une activité toute trouvée pour les jours de pluie. Le jeu se joue à dix joueurs ou plus. Rassemblez des animaux en peluche ou des images représentant des animaux, en essayant de couvrir le plus grand nombre d'espèces possible – oiseau, ver, tortue, poisson, abeille, vache, etc. Procurez-vous également des images représentant un arbre, de l'herbe, une fleur et l'océan – pour l'élément eau. Il vous faudra aussi de longues ficelles de différentes couleurs.

Invitez tout le monde à s'asseoir en cercle. Demandez : « Qui veut faire le Soleil ? Le Soleil doit s'asseoir au milieu du cercle. » L'enfant qui vient s'asseoir au milieu doit porter quelque chose de jaune pour rappeler le Soleil. « Coline, quelle plante ou quel animal voudrais-tu être ? Ah, le loup. Bien. Prends le loup en peluche et garde-le sur tes genoux. » Une fois que chaque enfant a choisi son rôle, adressez-vous tour à tour à chacun d'entre eux : « Qui a besoin du Soleil ? Les oiseaux ont-ils besoin du Soleil ? Oui, bien sûr ! », « Qui a besoin d'eau. Les oiseaux ont-ils besoin d'eau ? Oui. Les chiens ont-ils besoin d'eau ? Oui ! »

Chaque fois que vous reliez une plante ou un animal à ce dont il a besoin, tendez une ficelle entre les deux. Les ficelles représentent le fil de la vie qui finit par former un dessin compliqué, mais très joli. « Regardez, on a tous besoin les uns des autres ! »

Éveiller l'enfant aux différentes cultures

En confrontant votre enfant à différentes cultures, vous contribuez au développement de sa faculté d'émerveillement et de sa curiosité, et vous évitez qu'il n'ait des préjugés.

Des mondes différents

En rendant accessibles à nos enfants des choses qui leur sont étrangères, nous les aidons à comprendre et à apprécier le monde.

En tant que parents, nous pouvons faire en sorte que nos enfants apprennent à vivre en paix et en harmonie avec tout le monde. Pour cela, nous pouvons leur parler de différents endroits du monde et susciter dans leur esprit l'émerveillement et la fascination pour toutes les cultures, et ce à un âge où ils vont se trouver confrontés à des attitudes qui engendrent la peur et les préjugés.

L'humanité tout entière appartient à une seule et même famille. Nous avons tous les mêmes besoins, et les points communs entre nous sont plus nombreux que nos divergences. Nos différences tiennent aux moyens culturels mis en œuvre pour satisfaire des besoins qui nous sont néanmoins communs. Au lieu d'avoir peur de ces différences, l'enfant peut apprendre à comprendre et à apprécier la richesse et la diversité culturelle qui caractérise chacun. Apprendre des choses sur des pays lointains, en rêver, les imaginer et espérer les découvrir un jour, voilà ce qui a de tout temps permis aux enfants comme aux adultes d'embrasser le monde dans son ensemble et de se soucier de son bien-être. En matière d'éducation, l'objectif prioritaire est de faire de nos enfants des membres à part entière de la famille humaine.

L'étude des cultures

Pour atteindre cet objectif, nous devons confronter nos enfants à des choses différentes de ce qu'ils vivent. Le plus simple est sans doute de célébrer des fêtes du monde entier et d'entrer en contact avec d'autres

cultures. Les écoles Montessori fondent leur enseignement sur des expériences vécues et sur les fêtes originaires des quatre coins du monde. Nous étudions les sujets un par un à partir de perspectives différentes. Quand nous étudions l'Afrique, par exemple, nous considérons le continent en lui-même, son climat, sa faune et sa flore, ses habitants et leurs maisons, leur nourriture, leurs vêtements, leur style de vie, leurs contes et légendes, l'art, la musique, les danses traditionnelles et les fêtes.

Petite Africaine

Les enfants adorent se costumer et jouer avec des jouets originaires d'ailleurs.

Vous pouvez adopter cette approche chez vous. Les jeunes enfants s'intéressent aux autres enfants. Ils aiment entendre des histoires sur la façon dont les enfants vivent dans les autres pays. Ils aiment essayer des nouvelles techniques artistiques et écouter de la musique. Ils adorent apprendre des chansons et des danses folkloriques du monde entier. Ils prennent plaisir à endosser différents costumes, une expérience qui leur laisse un souvenir d'autant plus durable qu'elle associe à chaque costume une nourriture, des chants, des danses et une belle histoire. La nourriture, surtout, donne lieu à une expérience sensorielle, et l'enfant goûtera volontiers quelque chose de nouveau s'il est également invité à le préparer.

Fêtes et jours fériés

Ne vous contentez pas des fêtes religieuses et des traditions culturelles propres à votre culture. Intéressez-vous aussi à celles des autres cultures. L'expérience peut laisser aux tout-petits des souvenirs impérissables. Voici les principales :

• Nouvel An chinois
• Rosh Hashanah et Yom Kippour (religion juive)
• Hanoukka (religion juive)
• La Pâque juive
• Diwali (religion hindoue)
• Aïd (religion musulmane)
• Noël (religion chrétienne)
• Nouvel An
• Pâques (religion chrétienne)
• Saint-Valentin
• Saint-Patrick
• 1er Mai
• fête des Mères
• fête des Pères
• Mardi gras
• Halloween

Quelle culture ?

Commencez par un thème limité et simple. La première année, concentrez-vous sur un seul pays. Vous pouvez, par exemple, commencer avec un joli livre de photos ou une vidéo sur le pays choisi. Collectionner les photos et les cartes postales est un bon début.

Gardez plusieurs choses à l'esprit :

• Commencez par admettre que vous ne savez pas tout sur la culture que vous êtes en train d'étudier. Vous êtes comme votre enfant, vous apprenez.

• Éveillez sa curiosité et son esprit aventurier. Faites comme si vous alliez partir en voyage avec votre enfant dans ce pays étrange, et préparez-vous-y.

• Parlez toujours avec respect et ménagements de la culture étudiée. Les enfants sentent très bien ce que nous n'exprimons pas.

• Veillez à ce que tout ce que vous partagez avec votre enfant soit à la fois authentique et précis.

Créez une exposition

Allez à la bibliothèque municipale ou dans une librairie et rassemblez le plus d'informations possible sur le pays choisi. Empruntez des objets à des parents ou amis originaires du pays ou qui y sont allés : certains vous prêteront volontiers des objets d'art, des enregistrements de musique ou des costumes locaux authentiques. Vous pouvez les exposer un moment chez vous avant de les leur rendre.

Si vous avez la chance de pouvoir visiter le pays auquel vous vous intéressez, constituez votre collection sur place. Ramenez des timbres, des pièces et des billets ; des souvenirs ; des journaux et des magazines ; des cartes postales de grandes villes, des monuments célèbres et des scènes de la vie quotidienne ; de petits objets d'art et d'artisanat typiques – poteries, paniers, sculptures, statuettes, affiches, maquettes de maisons, bateaux, etc. ; des poupées habillées en costume traditionnel ; des chapeaux et des costumes traditionnels que les enfants pourront mettre. Si c'est quelqu'un de votre entourage qui part dans le pays, donnez-lui une liste de ce que vous voulez.

Prévoyez un endroit spécial – table ou étagère – pour exposer vos trésors : poupées, jouets, objets d'art, livres, maquettes de maisons, collections de photos, pièces, etc. Installez-vous de préférence devant un mur de manière à pouvoir accrocher une affiche ou un tableau pour compléter l'exposition. Celle-ci aura certainement beaucoup de succès auprès de votre enfant et de ses amis. Décorez-la avec des objets tels que des lampions, des sculptures, des tissus colorés, des drapeaux, des éventails ou des fleurs.

Poupées russes

Certains souvenirs culturels peuvent aussi donner lieu à des activités sensorielles.

Une fête d'anniversaire version Montessori

Les écoles Montessori organisent une fête particulière pour les anniversaires. Vous pouvez adopter cette tradition à la maison aussi.

L'histoire des années écoulées
La bougie représente le Soleil et le globe représente la Terre. Les photos rappellent l'histoire de votre enfant.

Les fêtes d'anniversaire traditionnelles mettent souvent l'accent sur les cadeaux, les cotillons et les friandises. Dans une école Montessori, cette fête est vue sous un angle différent. L'objectif est de donner du sens et de la solennité à la cérémonie. On introduit chez les enfants la notion de relation entre la Terre et le Soleil, on leur apprend qu'une année représente le temps qu'il faut à la Terre pour faire le tour du Soleil. On leur raconte également l'histoire de leur vie, année par année, depuis leur naissance.

Les années écoulées
Vous aurez besoin d'un petit globe pour représenter la Terre, d'une bougie ou d'une lampe pour représenter le Soleil, et d'un cercle (idéalement, une ellipse) tracé sur le sol avec du ruban adhésif ou d'un cordon, qui figurera l'orbite de la Terre autour du Soleil. Prenez des notes sur les événements importants de la vie de votre enfant jusqu'à ce jour, et rassemblez des photos de lui à différents âges pour illustrer l'histoire de sa vie.

Le jour de son anniversaire, réunissez la famille autour du cercle, qui doit être assez grand pour que votre enfant puisse s'y déplacer facilement. Apportez la bougie et le globe. Mettez la bougie au milieu du cercle et allumez-la. Rappelez aux enfants présents que la flamme de la bougie peut les brûler, et qu'ils doivent donc rester tranquillement assis à leur place et regarder. Dites :

« Cette bougie est le Soleil – le même que celui que nous voyons dans le ciel. Le Soleil est une grosse boule de feu qui brûle en permanence et ne s'éteint jamais. »

Prenez le globe et avancez lentement le long de la ligne tracée par terre en disant : « Ce globe est la Terre – la planète sur laquelle nous vivons. La Terre tourne autour du Soleil. Elle met longtemps à en faire le tour. Chaque fois que la Terre achève sa course autour du Soleil, une année s'est écoulée. Il faudra encore une année à la Terre pour refaire le tour du Soleil. »

Un événement annuel

La maman de Marie allume la bougie qui est au centre du cercle délimité par une corde et explique que la Terre met un an à faire le tour du Soleil.

Quatre ans aujourd'hui Marie fait tourner quatre fois la Terre autour du Soleil, pour figurer les quatre années écoulées depuis sa naissance.

Et ça continue Marie souffle la bougie à la fin de la cérémonie.

Boîte à souvenirs La collection d'objets rappelant l'année écoulée est rassemblée dans une boîte pour que Marie puisse les regarder.

Donnez ensuite le globe à votre enfant et demandez-lui de se préparer à avancer lentement le long de la ligne comme vous venez de le faire. Commencez à raconter son histoire, par exemple de la façon suivante : « Aujourd'hui, c'est l'anniversaire de Marie, et nous allons le fêter à notre façon. Marie va porter le globe et faire lentement le tour du cercle, quatre fois, parce qu'elle a quatre ans.

Marie commence son voyage avec la Terre autour du Soleil. Elle n'est pas encore née. Papa et maman attendent impatiemment sa venue, mamie et papy Jean sont à la maison pour aider à s'occuper du bébé quand il sera né. Marie, tu veux bien faire un pas en avant ? »

Marie fait un pas en avant.

« Maintenant, Marie est née. Nous sommes le 28 octobre 2002. Elle est minuscule – pas plus grosse que ça – toute rose et enroulée dans une couverture. Papa et maman sont très fiers. Voici une photo de Marie à sa naissance.

Marie, tu veux bien suivre la ligne en faisant un tour complet ? Arrête-toi quand tu seras revenue ici. Marie a un an et elle fête son premier anniversaire avec sa famille… »

Poursuivez l'histoire de votre enfant de la même façon. Quand Marie aura fait le nombre de tours correspondant à son âge, sa maman dira : « Marie a maintenant quatre ans et c'est aujourd'hui son anniversaire. La Terre a fait quatre fois le tour du Soleil. Quatre années se sont écoulées depuis sa naissance. »

Vous pouvez terminer par un chant d'anniversaire. Laissez ensuite votre enfant souffler la bougie.

Dans certaines familles, on aime bien rassembler dans une boîte des objets qui permettront à l'enfant de se rappeler l'année écoulée. Ce peut être des photos, une copie d'une vidéo familiale, une lettre de papa ou maman, ou encore une œuvre d'art ou tout autre objet que l'enfant a envie d'y mettre. Cette boîte devra rester accessible à tout moment.

Jours heureux Marie regarde des photos d'elle à différents âges avec son copain Louis.

Le meilleur moment pour apprendre

Des bases
pour apprendre

La période sensible du langage commence à la naissance. Tous les jeunes enfants réagissent à un environnement riche de mots.

Parents pressés

Apprendre n'est pas une course ! Les enfants apprennent à leur rythme, et, en règle générale, plus les parents les poussent, plus ils résistent. Les parents qui poussent leurs enfants considèrent ces derniers comme une projection d'eux-mêmes en tant qu'adultes : si leur enfant sait lire à trois ans, cela signifie qu'ils ont bien fait leur travail de parents. Mais lorsqu'un enfant finit par rejeter l'école, les enseignants, les livres scolaires et les interrogations écrites, peut-on être fier du résultat ?

Certains enfants entrent très tôt dans la période sensible de l'acquisition de compétences académiques, tandis que d'autres ne s'y intéressent pas avant un certain âge. En adoptant la bonne approche, vous pouvez augmenter vos chances d'avoir un enfant qui demande avec enthousiasme à apprendre à lire, écrire et manipuler les chiffres. Ce chapitre vous indique comment laisser votre enfant se développer à son propre rythme dans un environnement familial qui lui montre l'exemple et lui apporte la stimulation et le soutien dont il a besoin.

Lire à voix haute
Les jeunes enfants disposent pour la plupart de toutes sortes de livres. Le succès grandissant des livres pour enfants accompagnés de belles illustrations a amené les éditeurs à proposer quantité d'ouvrages magnifiques. Ma grand-mère nous répétait souvent : « Même quand nous avions un budget serré, nous gardions toujours de l'argent pour les bons livres. »

Dès que votre enfant sera capable de tenir assis et de rester attentif, il appréciera les moments passés sur vos genoux à regarder un livre d'images et à vous écouter les commenter. Quand il sera plus grand, vous lui lirez des livres tous les jours, dès que vous le pourrez et pas seulement au moment du coucher. Notez ceux qu'il préfère et essayez de vous montrer enthousiaste chaque fois qu'il vous demandera de les lui relire. Les enfants enregistrent les histoires à force de les entendre.

Parlez-lui en permanence

Tout en vous occupant de votre bébé ou de votre tout-petit, parlez-lui de ce que vous êtes en train de faire. Vos gestes sont ainsi associés à des mots, et cela l'aide à acquérir un vocabulaire riche. « Je vais changer ta couche. Eh bien, dis donc, tu étais drôlement mouillé ! », ou encore : « Je vais te prendre dans mes bras. Allez. Voilà, je te mets contre mon épaule. »

Parlez de ce que votre enfant est en train de faire : « Tu dois avoir soif. Tu bois beaucoup aujourd'hui », « Maintenant que tu as fait un trou pour cette fleur, tu peux la mettre dedans. » Employez un langage clair et précis : « Mets les boutons bleus avec les boutons bleus. » Même s'il ne comprend pas le sens des mots, ce n'est pas la peine de lui parler bébé.

Néanmoins, il ne faut surtout pas vous imaginer que votre enfant comprend tout. Utilisez des mots et des expressions simples et regardez-le droit dans les yeux en lui parlant. D'après son regard, vous saurez, en principe, s'il comprend ce que vous lui dites ou s'il est troublé. S'il détourne le regard, expliquez-lui autrement ce qu'il n'a apparemment pas compris.

Lecture en famille En lisant régulièrement avec vos enfants, vous leur inculquerez l'amour des livres.

Conversation Utilisez un langage clair et précis quand vous lui parlez. Ses yeux vous diront s'il comprend ou non ce que vous lui dites.

Au fur et à mesure que sa compréhension s'améliore, employez un vocabulaire et une structure de phrase plus complexe. Faites-lui entendre des mots nouveaux. Éteignez la radio et la télévision lorsque vous ne l'écoutez pas ou ne la regardez pas – un environnement bruyant nuit au développement du langage.

Tant que votre enfant est tout petit, aidez-le à communiquer sans l'aide des mots. Utilisez la pantomime pour mimer des histoires ou des situations. Invitez-le à en faire autant. « On dirait que tu serais en train de porter un chiot énorme – aussi gros qu'un cheval ! », ou encore : « On dirait que tu serais un oiseau en train de voler dans le ciel. Bats des ailes comme ça ! » Vous pouvez aussi mimer le sens de certains mots (gros, grand, rapide, lent, sourire, triste). Même plus grands, les enfants adorent ça.

Apprendre le nom des objets
Apprenez à votre enfant à dire le nom correct des choses qui se trouvent dans la maison. Les enfants qui sont dans la période de sensibilité au langage n'ont aucun mal à absorber les mots

nouveaux et à en saisir le sens. Plus il apprend de mots, mieux c'est ! Même si votre enfant invente des mots ou s'il les prononce mal, vous n'avez pas à parler bêtement. Appelez les choses par leur vrai nom, en admettant que la faculté de votre enfant à comprendre et à prononcer toute la gamme des sons se développe par paliers. Ainsi, dès qu'il connaît le mot « chien » et sait distinguer un chien d'un chat, vous pouvez lui apprendre des mots plus précis sur ce thème. Par exemple, que votre chien Biscuit est un caniche et que Toby, celui des voisins, est un épagneul breton.

Pour lui apprendre le nom des animaux familiers et des oiseaux qu'il y a autour de chez vous, des fleurs et des arbres, des fruits et des légumes, des parties du corps et des choses qui se trouvent dans la maison, vous pouvez appliquer une méthode utilisée dans les écoles Montessori (voir pages 166-167). La richesse de son vocabulaire constituera une base solide pour ses apprentissages futurs.

Utilisez des termes descriptifs

Une fois que votre enfant connaît les mots désignant toutes sortes de choses, enrichissez son vocabulaire en lui apprenant des mots qui décrivent leurs caractéristiques. Vous pouvez commencer par leur couleur. Apprenez-lui d'abord les couleurs primaires (rouge, bleu et jaune), puis les couleurs secondaires (vert, orange, violet, marron, etc.) et les teintes courantes (lilas, rose, bleu pastel, roux, etc.). Vous pouvez ensuite passer aux mots qui décrivent les couleurs : bleu clair, rose foncé, jaune vif. Vous pouvez aussi lui apprendre à décrire la taille des choses (grand ou petit, court ou long, mince ou large), leur goût (salé, sucré, amer, acide), leur poids (léger ou lourd), leur texture (rugueux ou lisse), etc.

En même temps que ce vocabulaire descriptif, vous pouvez aussi introduire la notion de comparatif et de superlatif : plus gros, le plus gros, long, le plus long, haut, grand, le plus grand. Ce vocabulaire est indispensable dans les activités sensorielles évoquées au chapitre 2 : « Quel est le cube le plus gros ? Et maintenant, où est le suivant ? »

Une fois qu'il maîtrise bien les termes descriptifs, demandez-lui de décrire les choses avec ses propres mots. « Comment décrirais-tu Toby (l'épagneul breton des voisins) ? » Incitez-le à raconter les histoires qu'on lui a lues ou à décrire ce qu'il fait quand vous préparez le dîner ensemble, par exemple.

Le jeu des ordres

Même si les enfants n'aiment pas trop qu'on leur donne des ordres, ils prennent plaisir à y obéir lorsqu'il s'agit d'un jeu. Commencez par quelque chose de simple : « Donne-moi un camion, s'il te plaît », ou : « Donne-moi le camion qui est là-bas, s'il te plaît. » Augmentez ensuite la difficulté en ajoutant une description de l'objet et en indiquant où il se trouve. « Tu peux m'attraper le grand seau rouge qui est sur l'étagère du haut là-bas ? » Si l'enfant est très jeune, il aura beaucoup plus de mal si vous lui demandez un objet qui est dans une autre pièce. Ne soyez pas surpris qu'il se perde en route si vous tentez l'expérience trop tôt.

Vous pouvez corser le jeu quand il aura grandi en ajoutant au moins une action. « Tu peux emporter ces fleurs jusqu'au plan de travail près de l'évier et les poser là-bas ? Choisis un vase et mets de l'eau dedans. Après, tu mettras les fleurs dans le vase et tu les arrangeras bien pour les mettre sur la table. Quand tu auras fini, pose-les sur la table pour faire plaisir à nos invités. »

Enrichir son vocabulaire
Les enseignants des écoles Montessori suivent un processus en trois étapes (baptisé « leçon en trois parties ») pour aider les enfants à enrichir leur vocabulaire. Un enfant connaît le sens d'un mot lorsqu'il peut associer un nom à un objet. Utilisez cette méthode pour lui apprendre le nom des couleurs secondaires, par exemple.

Première étape : montrez-lui un échantillon de peinture orange. Dites le nom de la couleur : « Ça, c'est orange. » Montrez-lui ensuite un échantillon de peinture verte. Dites le nom de la couleur : « Ça, c'est vert. » Faites la même chose avec un échantillon de peinture violette.

Deuxième étape : aidez votre enfant à faire le lien entre le langage et sa propre expérience en lui indiquant une couleur qu'il devra retrouver sur un objet. « Montre-moi l'orange. » Il doit vous montrer l'échantillon orange. Demandez-lui ensuite de vous montrer le violet. Il doit vous montrer l'échantillon violet. S'il se trompe, reprenez simplement les choses depuis le début. Montrez-lui l'échantillon violet et redites-lui : « Ça, c'est violet. » Montrez-lui l'échantillon orange et redites-lui : « Ça, c'est orange. »

À la troisième étape, on demande à l'enfant de nommer une couleur sans lui dire le nom auparavant. Montrez-lui l'échantillon de peinture orange et demandez-lui : « C'est quelle couleur ? » L'enfant doit répondre : « Orange. » S'il se trompe, recommencez la leçon en lui répétant patiemment le nom de la couleur, et en repassant par chacune des deux premières étapes.

Un vocabulaire étendu
Au début, reprenez le processus en trois étapes décrit plus haut pour présenter à votre enfant des choses de la vie quotidienne, comme les espèces de fruits et de légumes (poivron, artichaut, courge, comme sur les photos ci-contre), les animaux, les oiseaux et les objets ménagers. Refaites le jeu avec la même série pendant plusieurs jours ou plusieurs semaines – passez à une autre série uniquement quand votre enfant est prêt.

Au fur et à mesure qu'il grandit, continuez à enrichir son vocabulaire avec la même méthode. Apprenez-lui des termes de géométrie (triangle, carré, cube, pentagone), de botanique (plante, herbe, arbre, feuille, tige, pétale, étamine) ou des éléments de géographie (île, lac, océan, fleuve, isthme). Plus il saura de mots, plus il observera et cherchera à reconnaître ce qu'il a autour de lui.

Étape par étape : une leçon en trois parties

UN La maman de Lucas lui dit le nom de trois légumes différents. Chaque fois qu'elle dit un nom, elle montre le légume.

DEUX Elle lui demande maintenant de lui en montrer un – la courge. Elle le fait pour chacun des trois légumes.

TROIS La maman de Lucas prend un des légumes et demande quel est son nom.

Une histoire inventée Demandez-lui de choisir une photo qui lui plaît et de vous raconter une histoire à partir de celle-ci. à la fois pour lui faire utiliser du vocabulaire et lui apprendre à raconter quelque chose.

Histoire de rouge-gorge Suzanne choisit une photo de rouge-gorge. Elle la découpe et la colle sur une feuille de papier vierge.

Raconte-moi Suzanne invente une histoire autour de son rouge-gorge. Sa maman l'écrit au fur et à mesure.

Racontez une histoire Demandez à votre enfant de choisir une photo intéressante dans un magazine et de la découper. Faites-lui ensuite raconter ce que lui inspirent les personnages ou les animaux de la photo. S'il est assez grand, il peut inventer une histoire. Notez mot pour mot ce qu'il dit en écrivant très lisiblement, ou tapez-le sur l'ordinateur et imprimez-le en grosses lettres. Si vous imprimez une seule phrase par page, en mettant le texte en bas, votre enfant pourra coller la photo choisie et ajouter ses propres illustrations. Choisissez un joli papier et percez les feuilles pour y passer un ruban afin de former un livre.

Aidez-le à signer de son nom une fois qu'il a fini. S'il ne sait pas encore, incitez-le à faire un trait ou à tracer au moins une lettre. Il commencera ainsi à faire le lien entre les traits faits sur le papier et le mot que l'on prononce.

« Quand il a envie de parler, soyez prêt à l'écouter. Sinon, incitez-le à le faire en lui demandant, par exemple, ce qui va se passer, d'après lui, dans la suite d'une histoire. »

Questions et sentiments Quand il a envie de parler, soyez prêt à l'écouter. Sinon, incitez-le à le faire en lui demandant, par exemple, ce qui va se passer, d'après lui, dans la suite d'une histoire. « Comment le bébé ours peut-il savoir que quelqu'un s'est assis sur sa chaise ? » « Elle est cassée ; quelqu'un de gros a dû s'asseoir dessus. » Les questions ouvertes permettent à l'enfant de développer son aptitude à organiser ses pensées et à les exprimer à voie haute. « Qu'est-ce que tu verrais si tu étais un oiseau et que tu volais au-dessus de notre maison ? » « Que se passerait-il si… ? »

Incitez votre enfant à exprimer ses sentiments. Préparez une série de photos découpées dans des magazines et représentant des gens en proie à des émotions diverses – des gens heureux, tristes, en colère, effrayés, joyeux. Demandez-lui ce que ces gens ressentent, puis interrogez-le sur ses propres émotions : « Qu'est-ce qui se passe quand tu as peur ? »

Apprendre à écrire pour
apprendre à lire

Le processus d'apprentissage de la lecture peut être tout aussi simple et aisé que celui de l'apprentissage du langage.

Les groupes de **lettres**

Présentez-lui les lettres par petits groupes, par exemple de la façon suivante :

premier groupe	c m a t
deuxième groupe	s r i p
troisième groupe	b f o g
quatrième groupe	h j u l
cinquième groupe	d w e n
sixième groupe	k q v x y z

Dans les écoles Montessori, nous utilisons une approche phonétique qui aide les jeunes enfants à prendre vraiment conscience du fait que les mots écrits correspondent à une codification des sons prononcés lorsqu'on parle ; cette codification prend la forme symbolique des lettres de l'alphabet. Grâce à cette technique, les enfants maîtrisent les sons produits par chacune des lettres en même temps que la lettre représentée par chaque son. Ils apprennent les lettres une par une jusqu'à ce que l'alphabet entier n'ait plus de secret pour eux. Avec un matériel de base, vous pouvez très bien adopter la même approche à la maison.

Les lettres rugueuses
Le papier de verre fournit à l'enfant une aide à la fois tactile et visuelle pour apprendre l'alphabet. Découpez des carrés dans une planche de bois très fine et peignez-les : réservez une couleur rouge ou rose aux carrés où figureront les voyelles, pour que l'enfant puisse les distinguer facilement des consonnes. Disposez sur chacun des carrés une lettre découpée dans du papier de verre fin. Ces lettres sont vendues dans les magasins spécialisés. Vous pouvez aussi les fabriquer vous-même (voir page suivante).

Dès que votre enfant manifeste de l'intérêt pour les lettres (a priori, vers l'âge de trois ans), présentez-lui plusieurs lettres en même temps (voir encadré ci-contre). Montrez-lui comment tracer chacune d'elles à l'aide du majeur et de

Comment
fabriquer des lettres rugueuses

Procurez-vous du bois très fin facile à découper ou du carton solide. Découpez vingt-six tablettes de 20 centimètres de hauteur sur 15 centimètres de largeur – un peu plus pour certaines lettres comme le « w ». Utilisez une laque en spray non toxique pour peindre les tablettes. Prenez de la peinture bleue pour les voyelles et du rose ou du rouge pour les consonnes.

Découpez ensuite les lettres dans du papier de verre fin. Vous pouvez télécharger sur notre site un fichier contenant les lettres assez grandes (vous trouverez un fichier avec les lettres minuscules). Imprimez-les, puis découpez-les à l'aide d'un cutter. Vous disposerez ainsi d'un gabarit pour chacune des vingt-six lettres, que vous pourrez ensuite utiliser pour découper les lettres dans le papier de verre. Collez chaque lettre sur une tablette, face rugueuse sur le dessus.

l'index de la main dont il se sert habituellement pour prendre les objets. Tout en lui montrant comment faire, prononcez le son auquel la lettre correspond en formant un mot qui comporte phonétiquement trois lettres, par exemple « car ». La lettre « c » y représente le son *keu*.

Asseyez-vous à côté de lui sur un petit tapis avec deux lettres rugueuses. Nous allons utiliser la lettre c, prononcée *keu*, et la lettre « m », prononcée *mmm*. Tout en traçant la lettre « c », dites-lui : « Ça, c'est *keu*. Tu sais dire *keu* ? » L'enfant sait en général répéter le son qu'il vient d'entendre. Demandez-lui maintenant de tracer la lettre et d'en prononcer le son. En traçant la lettre, il a trois impressions différentes : la forme de la lettre, la perception tactile de sa forme et de la manière dont elle s'écrit, et la manière de l'exprimer phonétiquement. Trouvez des mots qui commencent par le même son : « *Keu*, camion, casserole, cochon… » C'est la première étape d'une leçon en trois parties (voir pages 166-167). À partir de là, vous pouvez introduire la deuxième lettre, en procédant de la même façon. Passez à la deuxième partie de la leçon. « Montre-moi le *seu* ? Tu peux me dire où est le *mmm* ? » Si votre enfant se trompe, reprenez tout depuis le début : « Ça, c'est le *seu* ; ça, c'est le *mmm*. » Réessayez la deuxième étape. «Tu peux me montrer le *mmm* ? Tu peux me montrer le *seu* ? Passez alors à la troisième étape. Placez les lettres « c », « a » et « r » devant lui et faites-lui prononcer successivement chacune d'entre elles : *keu, aah, reu* – car. Et voilà, il a lu son premier mot !

Introduisez progressivement les autres lettres – en moyenne deux par semaine – jusqu'à ce qu'il maîtrise tout l'alphabet. Suivez son rythme. S'il commence à en avoir assez, mettez fin à la leçon. Votre but est de lui donner le goût de l'apprentissage et de l'intéresser à la lecture, à la composition des mots, pas d'en faire un lecteur précoce à tout prix.

De nombreux parents s'étonnent du fait que, dans les écoles Montessori, les enfants n'apprennent pas le nom des lettres, mais les sons qu'on leur fait entendre en les prononçant un par un. Pendant toute une période, ils ne connaissent absolument pas le nom des lettres, mais leur phonétique : *beu, keu, aah*, etc. Cette méthode permet d'éviter l'une des phases les plus inutiles et les plus déroutantes que les enfants aient à traverser lorsqu'ils apprennent à lire : « *A* comme *abricot*. On entend le son *aah*. »

Il n'est pas rare de voir de jeunes enfants qui apprennent à lire avec notre méthode être capables de composer des mots simples avec les lettres rugueuses plusieurs semaines ou plusieurs mois avant de savoir lire couramment. Cette étape est le fruit d'une programmation réfléchie de l'introduction au langage. Plutôt que de retenir visuellement un mot, l'enfant épelle phonétiquement les sons les uns après les autres, ce qui est plus facile que de « décoder » des mots écrits pour y trouver les sons qui le composent.

Lettres dans le sable Une fois que l'enfant sait suivre les lettres sur le papier, il peut s'exercer à les tracer dans le sable.

Tracer des lettres dans le sable fin
Les lettres rugueuses ont également l'avantage d'inciter l'enfant à tracer dans du sable fin les lettres qu'il est en train d'apprendre. Le sable est mis sur un plateau suffisamment profond pour éviter les débordements. Une fois qu'il sait tracer les lettres sur le papier, demandez-lui

le les tracer dans le sable. Ainsi, il mémorise mieux sur le plan musculaire le processus le formation de la lettre. C'est aussi une bonne transition vers l'écriture.

Apprendre à tenir son crayon L'enfant a besoin de bien contrôler sa main avant de commencer à apprendre à écrire. La plupart des activités ensorielles présentées dans les chapitres précédents ont l'avantage de favoriser le développement de la coordination œil-main, très importante dans l'écriture. Donnez-lui des crayons de couleur et du papier de bonne qualité sur lequel il pourra s'exercer en coloriant les lettres. Montrez-lui comment remplir soigneusement les silhouettes des lettres en traçant de petits traits.

Quand votre enfant est prêt pour apprendre à écrire, donnez-lui une ardoise et une craie. Faites-lui suivre une lettre rugueuse avec les doigts, puis demandez-lui l'essayer de la tracer à la craie sur l'ardoise. Quand il saura en tracer plusieurs individuellement, demandez-lui de commencer à composer des mots simples.

Lettres à la craie Donnez-lui une ardoise et une craie pour qu'il s'exerce à tracer des lettres.

Jeu de lettres Ce jeu permet à l'enfant d'acquérir une bonne maîtrise de la phonétique correspondant à chaque lettre qu'il apprend, tout en l'aidant à reconnaître le premier son de chaque mot. Pour jouer, vous aurez besoin de cinq petits objets dont le nom commence par la même lettre. Pour la lettre « c », choisissez par exemple un camion, un canard, un crayon, etc. Mettez deux ou trois lettres rugueuses sur un tapis. Mettez les objets dans un panier. Demandez à votre enfant de choisir l'un d'entre eux et de le nommer. Demandez-lui ensuite de vous dire quel son il entend au début du mot « camion ». Prononcez ce mot distinctement, son après son : *keu, aah, mmm*, etc. Une fois qu'il a trouvé, demandez-lui de mettre le camion sous le *keu*. L'enfant doit continuer jusqu'à ce que tous les objets aient été placés.

L'alphabet mobile Une fois que l'enfant sait reconnaître plusieurs lettres et plusieurs sons avec les lettres rugueuses, présentez-lui un alphabet mobile. Il s'agit d'une grande boîte munie de compartiments contenant des lettres en plastique rangées un peu à la façon des lettres d'imprimerie d'autrefois. Vous pouvez aussi acheter un alphabet mobile ou utiliser n'importe quelle lettre en plastique, aimantée ou non, conçue pour les enfants. Votre enfant peut ainsi composer des mots. Faites-lui choisir un petit objet (en vrai ou en photo) et demandez-lui de composer son nom avec les lettres mobiles.

Alphabet mobile Il est composé d'une grande boîte contenant vingt-six compartiments dans lesquels sont rangées des lettres en plastique dont l'enfant se sert pour composer des mots.

Tout comme avec les lettres rugueuses, il va épeler les lettres l'une après l'autre et choisir la lettre qui correspond au son.

Cette approche phonétique est reconnue depuis longtemps par les éducateurs comme étant la seule méthode vraiment efficace pour apprendre aux enfants à lire et à écrire. Il convient néanmoins de tenir compte des particularités de notre langue, telles les diphtongues – dans le mot « poule », par exemple –, ou des associations comme *ph* – dans le mot « éléphant », par exemple –, ou encore des lettres finales muettes – que l'enfant n'entend donc pas.

Quand l'enfant commence à composer des mots, des groupes de mots, des phrases et des histoires, il peut parfois faire preuve d'une certaine créativité. Ne soyez pas étonné si votre enfant épelle le mot « téléphone » en remplaçant le *ph* par un *f*. Laissez-le faire, car ce qui compte au début, c'est qu'il prenne de l'assurance et se sente capable d'épeler les mots. En corrigeant son erreur, vous risquez de le démotiver.

Le processus de composition des mots au moyen de l'alphabet mobile peut durer des années. Votre enfant passera progressivement de mots de trois lettres à des mots de quatre ou cinq lettres, avec des consonnes doubles (*fl, tr, st*), des diphtongues (*ou*), des *e* muets, etc.

Il commence à lire

En principe, la transition entre la composition de phrases et d'histoires, l'écriture de mots simples et la lecture se fait en douceur. Pour certains enfants, elle se produit vers l'âge de quatre ans ; pour d'autres, elle se fera vers cinq ou six ans. Quelques-uns seront des lecteurs précoces, d'autres auront besoin d'un peu plus de temps. Tous les enfants sont différents, il n'y a donc pas lieu de vous inquiéter si votre enfant n'est pas aussi avide de lire que ses petits camarades.

Quel que soit son âge, dès que votre enfant montre le moindre intérêt, commencez à lui apprendre à lire. S'il a envie, il saura tout organiser dans sa tête et commencera à lire tout seul. Servez-vous de votre ordinateur pour écrire le nom des objets familiers. L'enfant peut s'entraîner à les lire pour étiqueter correctement tous les objets qu'il a autour de lui.

Le jeu des verbes

Quand votre enfant saura lire des mots entiers, essayez une version un peu élaborée du jeu des ordres. Fabriquez des cartes sur lesquelles vous écrirez un ordre composé d'un seul mot (un verbe).

L'enfant doit choisir une carte, la lire, puis vous demander de la tenir pendant qu'il obéit à l'ordre qu'il vient de lire : sautiller, sourire, bâiller, dormir, s'asseoir, saluer, manger, boire, etc.

Pour corser le jeu, vous pouvez fabriquer des cartes plus complexes comportant des ordres formant une phrase entière : « Apporte-moi une poupée », ou : « Traverse la pièce en marchant comme un canard. »

Les premiers pas vers les
mathématiques

Aidez votre enfant à acquérir des concepts
mathématiques simples à travers des jeux
et des activités manuelles.

Apprendre à compter par cœur est une activité facile à intégrer dans la vie
quotidienne. Les occasions de compter avec votre enfant sont nombreuses : si
vous cuisinez ensemble, comptez le nombre de cuillères quand vous ajoutez un
ingrédient ; si vous vous promenez, comptez les pas de 1 à 10, puis recommencez.
Je vous suggère un jeu simple : lancez-vous un sac rempli de haricots secs en
comptant le nombre de fois où vous vous le renvoyez. Continuez tant que votre
enfant arrive à compter, puis poursuivez seul quand il n'est plus très sûr de lui.

La signification des nombres
Au début, l'enfant a du mal à saisir
le concept de nombre en comptant des objets distincts. Les jeunes enfants apprennent
à « compter » par cœur en récitant la séquence que forment les nombres de 1 à 10,
mais ils savent rarement faire la différence entre deux quantités lorsqu'ils regardent
plus de trois ou quatre objets. Pour eux, cela revient quasiment à se dire : « Un,
deux, trois… beaucoup ! »

L'un des moyens d'éviter cela est de permettre aux enfants de visualiser les concepts
de nombre et de quantité par le biais de barres fragmentées. La méthode est plus efficace
que d'essayer de leur faire compter des objets distincts. Dans les écoles Montessori, nous
utilisons des séries de barres dont la longueur augmente de 10 centimètres en

Un, deux, trois La base des
mathématiques, c'est compter.

Fabriquer
des barres numériques

Pour fabriquer vos propres barres, utilisez des lames de bois ou des bandes de carton d'environ 5 centimètres de largeur et 1 centimètre d'épaisseur. Coupez-les ou faites-les couper de dix longueurs différentes, de 10 à 100 centimètres. Peignez-les toutes en rouge avec de la peinture en spray et laissez-les sécher.

Ensuite, délimitez soigneusement avec du ruban adhésif les parties qui seront peintes en bleu. La barre du « 1 » est entièrement rouge. La barre du « 2 » est rouge sur 10 centimètres et bleue sur les 10 autres centimètres. La barre du « 3 » est rouge sur les 10 premiers centimètres, bleue sur les 10 centimètres suivants, et à nouveau rouge sur les 10 derniers centimètres. Les barres comportent ainsi des sections alternativement rouges et bleues. Continuez ainsi jusqu'à la barre du « 10 », qui comportera cinq sections rouges et cinq sections bleues.

Un pas vers la numération Présentez-lui les barres numériques en commençant par lui demander de former un escalier. Comptez ensemble les segments bleus et rouges.

10 centimètres. La barre la plus courte, peinte en rouge, mesure 10 centimètres. La deuxième, longue de 20 centimètres, se divise en deux segments de 10 centimètres chacun, un rouge et un bleu. Et ainsi de suite pour les dix barres. Vous pouvez fabriquer vous-même ces barres (voir encadré).

En travaillant avec les barres, les enfants prennent, entre autres, conscience de ce qu'est l'addition et de ce que signifie ajouter deux nombres entre eux. Par exemple, lorsque l'enfant place la barre correspondant au nombre « 1 » au bout de la barre correspondant au nombre « 2 », il crée une nouvelle barre qui a la même longueur que la barre correspondant au nombre « 3 », qui vient juste après la « 2 ». Il peut faire le même genre d'expériences avec tous les nombres de 1 à 10.

DANS LE PANIER Max lance les sacs de haricots en direction du panier et compte au fur et à mesure ceux qui tombent dedans.

COMPTAGE DE POMMES DE TERRE Mathilde s'entraîne à compter avec toutes sortes de choses, y compris les pommes de terre.

PREMIÈRE LEÇON DE MATHS Lucas compte les oranges qui sont dans le saladier. Sa maman en retire deux et lui demande : « Combien y en a-t-il maintenant ? »

Compter les paniers

Ces paniers permettent aux jeunes enfants de passer à l'étape suivante en leur faisant comprendre les concepts de nombre et de quantité. Vous aurez besoin d'une série de dix petits paniers portant chacun une étiquette sur laquelle figure un chiffre de 0 à 9. Il vous faut aussi un panier plus grand, contenant quarante-cinq objets identiques. Dans les écoles Montessori, nous utilisons des fuseaux en bois de 1 centimètre de diamètre et de 15 centimètres de longueur, mais chez vous, vous pouvez utiliser de grosses perles de bois de la même couleur ou des pinces à linge. Montrez à votre enfant comment compter sans se tromper le nombre d'objets qu'il doit mettre dans chaque panier : un, deux, trois, etc., jusqu'à neuf. Évidemment, le panier « 0 » reste vide, ce qui fait rapidement comprendre à l'enfant que « zéro » signifie « aucun ». Si votre enfant n'a pas fait d'erreur, il ne reste plus rien une fois qu'il a fini de remplir le panier étiqueté « 9 ».

Additions simples

Dans la maison, les occasions d'exercer ses compétences ne manquent pas. Utilisez, par exemple, des poupées pour illustrer des additions simples : « Quand papa et maman se sont mariés, ils étaient deux. Puis un bébé est né. Combien sont-ils maintenant ? » Vous pouvez faire la même chose avec des fruits ou tout ce qui vous tombe sous la main.

Leçons de sciences à la maison

La maison est un endroit idéal pour faire des expériences scientifiques. Elles aideront votre enfant à découvrir comment fonctionne le monde.

La magie du magnétisme Tester le magnétisme de différents objets est l'une des activités scientifiques préférées des enfants.

Les activités scientifiques que l'on peut pratiquer avec son enfant chez soi sont tellement nombreuses que je pourrais écrire un livre entier à ce sujet. La plupart des activités que j'ai déjà évoquées dans les chapitres précédents ont un rapport avec les sciences : les exercices sensoriels, les promenades dans la nature, le jardinage, etc. Voici quelques idées supplémentaires pour scientifiques en herbe.

Aimanté ou pas aimanté

Mettez quelques petits objets dans un panier. Parmi eux, introduisez quelques objets métalliques (fer) que votre enfant pourra attraper avec un aimant. Préparez deux cartes portant les inscriptions « aimanté » et « pas aimanté ». Demandez à votre enfant d'utiliser un petit aimant pour voir s'il peut attraper les objets avec. Il devra les placer au fur et à mesure sous la bonne carte.

Vivant ou non vivant

Remplissez un panier de jouets et de petits objets qui représentent des choses vivantes (organiques) ou non vivantes (non organiques). Pour les choses vivantes, choisissez, par exemple, des animaux en peluche, un arbre en plastique et des personnages. Pour les choses non vivantes prenez un aimant, un dé à coudre, une petite voiture, une maison miniature et un petit miroir. Préparez deux cartes portant les inscriptions « vivant » et « non vivant ». Demandez à votre enfant de mettre sous la bonne carte les choses qui, dans la réalité, sont vivantes ou non vivantes.

Ça flotte ou ça coule ?

Rassemblez quelques objets dont certains flottent et d'autres coulent lorsqu'on les met dans l'eau. Demandez à votre enfant de prédire quels objets vont flotter et lesquels vont couler. Installez une bassine d'eau sur un plateau et mettez les objets dans l'eau pour qu'il puisse vérifier ses prédictions.

Faire germer des graines

Pour faire cette expérience, vous aurez besoin de haricots secs, de serviettes en papier et d'un vaporisateur pour plantes. Montrez à votre enfant comment mettre un haricot sur un mouchoir en papier, l'envelopper doucement et vaporiser ensuite de l'eau sur le tout. Expliquez-lui qu'il doit vaporiser de l'eau tous les jours sur la serviette pour maintenir la graine humide. Guettez les premiers signes de germination. Quand elle commence, montrez-lui comment transplanter la graine germée dans un petit pot rempli de terreau, et dites-lui de bien maintenir la terre humide.

Voyons si ça coule Plonger des objets dans un grand saladier rempli d'eau pour voir s'ils flottent ou s'ils coulent est un jeu que les enfants adorent.

Panier de gazon

Prenez un petit panier et tapissez le fond de film plastique. Aidez votre enfant à ajouter 2 centimètres de petits cailloux, puis 5 centimètres de terreau. Montrez-lui comment disperser les graines de gazon sur le terreau, puis appuyer doucement pour les faire rentrer dans la terre. Placez le panier près d'une fenêtre et expliquez à votre enfant qu'il devra vaporiser de l'eau dessus plusieurs fois par jour pour que les graines restent humides. Passé deux semaines environ, il pourra assister à la germination des premières graines.

Culture de chaussettes

En automne, après une promenade dans les bois ou dans les herbes hautes, on ramène souvent des épillets et des graines de toutes sortes accrochés à ses chaussettes et au bas de son pantalon. Donnez à votre enfant une paire de grandes chaussettes de sport à mettre par-dessus son pantalon et allez faire une promenade dans des endroits où vous serez sûr de ramener ces

Fabriquer des voiliers

Donnez-lui des coquilles de noix, du carton, des piques en bois et de la pâte à modeler pour fabriquer des voiliers qu'il pourra faire naviguer sur un lac de sa fabrication.

graines nomades. Une fois à la maison, mettez les chaussettes dans une bassine à un endroit bien ensoleillé. Imbibez-les d'eau, puis sortez-les en laissant tremper une de leurs extrémités dans la bassine pour qu'elles continuent d'absorber l'humidité comme une mèche de coton. Au bout d'une semaine ou deux, les graines commenceront à germer et votre enfant sera fier d'avoir « cultivé des chaussettes ».

Observer des racines
Déterrez délicatement une plante en laissant ses racines intactes. Mettez-la sur du papier journal et secouez-la doucement pour retirer la terre des racines. Expliquez à votre enfant que toutes les plantes ont besoin de leurs racines pour absorber l'eau et les nutriments contenus dans le sol. Remettez la terre autour des racines et replantez.

Voiliers en coquille de noix
Les enfants adorent jouer avec l'eau. Donnez à votre enfant un plateau profond rempli d'eau pour faire un petit lac sur lequel il pourra faire flotter de petits bateaux en coquilles de noix. Pour les

fabriquer, ouvrez quelques noix en deux, en faisant attention de ne pas abîmer la coquille. Montrez-lui ensuite comment on fait une voile avec un morceau de carton rigide découpé en triangle ou en carré. Une pique en bois peut faire office de mât, sur lequel il enfilera la voile en carton pour qu'elle prenne le vent. Mettez de la pâte à modeler au fond des coquilles et plantez-y le mât pour qu'il tienne bien droit. Votre enfant peut maintenant mettre ses bateaux à l'eau et souffler doucement pour faire du vent.

Vider l'air
Les jeunes trouvent très amusant de faire des bulles en plongeant un récipient rempli d'air dans de l'eau, pour ensuite laisser s'échapper (ils ont l'impression de le vider) cet air en faisant légèrement basculer le récipient vers le haut. Pour que cela marche bien, il vaut mieux le faire dans un seau profond. C'est encore mieux si le récipient est en verre – utilisez, par exemple, un aquarium – de façon que tout le monde puisse voir les bulles remonter vers la surface. Lorsque votre enfant est dans le bain, vous pouvez lui donner une paille pour qu'il s'amuse à faire des bulles sous l'eau.

La pédagogie Montessori est-elle bonne pour votre enfant ?

Si vous avez pris plaisir à mettre en œuvre chez vous les idées proposées dans cet ouvrage, vous aurez peut-être envie de chercher une école Montessori pour poursuivre l'éducation de votre enfant.

Danser pour exprimer sa joie

Apprendre dans une école Montessori est une expérience amusante, joyeuse et excitante.

L'une des forces des écoles Montessori est l'atmosphère d'entraide et de respect qui y règne, chaque enfant, même différent des autres, prenant plaisir à apprendre. En règle générale, la pédagogie est « bonne » pour un large éventail de personnalités et de caractères, et quelle que soit la façon dont l'enfant accueille les apprentissages. Elle convient à des familles dont les attentes en matière d'éducation sont très variables. La plupart du temps, parents et enseignants collaborent pour favoriser le développement et l'éducation des enfants aussi bien à l'école qu'à la maison.

Le programme est très structuré de manière à offrir un maximum d'opportunités aux enfants. Néanmoins, les parents particulièrement exigeants quant aux résultats trouveront sans doute l'approche Montessori difficile à comprendre et à défendre. Nous voulons tous ce qu'il y a de mieux pour nos enfants, mais il faut avoir que cette dernière est une alternative aux modes de pensée plus traditionnels de la plupart des écoles. Nous pensons que les enfants naissent intelligents, curieux et créatifs, et que trop souvent l'école (et certains parents) fait des apprentissages un processus stressant, alors qu'il peut être naturel.

Les familles où règnent en général un certain chaos et un manque d'organisation (les enfants sont en retard le matin, on vient les chercher à n'importe quelle heure, on a du mal à venir aux réunions et à collaborer de façon étroite avec l'école) n'approuveront pas vraiment la méthode Montessori, même si les enfants de ces familles s'adaptent souvent à cette structure qu'ils trouvent très rassurante.

Choisir une école
Même si la plupart des écoles essaient de rester fidèles à l'esprit de Maria Montessori et de ses travaux, elles ont toutes été influencées par l'évolution que notre culture et notre technologie ont connue au cours du siècle qui nous sépare de la création des premières écoles Montessori. Qui plus est, même si le nom de Montessori fait référence à une méthode et à une philosophie, il n'est protégé par aucun copyright ; il n'existe pas non plus de brevet ou de franchise Montessori. Cela signifie que, dans de nombreux pays, n'importe qui peut, en théorie, ouvrir une école et la baptiser Montessori sans avoir aucune idée de la façon dont les programmes doivent être organisés et gérés. Quand c'est le cas, la situation est très gênante pour ceux qui savent faire la différence. La plupart de ces écoles finissent par disparaître, mais elles ont entre-temps généré dans l'esprit du public une vision négative de l'intégrité et de l'efficacité de l'ensemble de la pédagogie Montessori.

Souvent, la qualité d'une école se juge, entre autres, à son appartenance à l'une des organisations professionnelles Montessori (voir page 188). Ces organisations délivrent également une accréditation aux écoles qui le souhaitent. Il existe de nombreuses petites organisations qui se revendiquent de la pédagogie Montessori, mais il faut savoir qu'aucune école Montessori n'a l'obligation d'être affiliée ou accréditée auprès d'une organisation extérieure. Les écoles Montessori qui choisissent de rester indépendantes sont pourtant assez rares.

La question la plus importante concernant le choix d'une école Montessori est de savoir si elle correspond à la conception que vous avez de l'éducation. Aucune pédagogie n'est bonne pour tous les enfants sans exception. Idéalement, les parents devraient choisir une école en fonction non seulement de leur enfant, mais aussi des valeurs familiales qu'ils défendent et de ce qu'ils attendent de l'éducation de leurs enfants, en étudiant ce que cette école peut réellement leur offrir. Il doit exister entre les deux une sorte de partenariat fondé sur la conviction que chacun est fait l'un pour l'autre.

Pour trouver l'école qui correspond le mieux à vos aspirations, faites confiance à votre instinct. Ouvrez grands vos yeux et vos oreilles ; rien ne vaut l'observation et l'expérience. Une école peut être encensée par une famille, s'avérer totalement inadaptée aux attentes d'une autre, et convenir parfaitement

L'esprit Montessori

Les parents qui apprécient la pédagogie Montessori sont généralement d'accord sur plusieurs idées essentielles dans le domaine des apprentissages :

• **L'intelligence n'est pas** quelque chose de rare chez les êtres humains. Les enfants en sont dotés à la naissance. S'ils sont correctement stimulés, le développement de leur aptitude à raisonner et à résoudre les problèmes peut être favorisé lorsqu'ils sont jeunes.

• **Les années les plus importantes** dans l'éducation d'un enfant sont les six premières.

• **Les enfants ont besoin** d'accéder à un niveau important d'autonomie et d'indépendance.

• **La compétition entre les élèves** et leur évaluation ne sont pas des moyens efficaces pour les motiver. Ils apprennent beaucoup mieux lorsqu'ils considèrent l'école comme une expérience sans risque, excitante et joyeuse.

• **Il existe un lien direct** entre la conscience que l'enfant a de sa valeur, de ses capacités et de sa maîtrise de soi, et son aptitude à apprendre et à retenir des compétences et des informations nouvelles.

• **Les enfants apprennent mieux** lorsqu'on leur donne l'occasion de mettre les choses en pratique, de les appliquer au monde réel et de résoudre des problèmes.

aux vôtres. Fiez-vous à votre propre expérience plutôt qu'à celle d'autres parents. En dernier ressort, le choix d'une école Montessori est une affaire de préférences personnelles. Si vous visitez une école dont l'aspect extérieur et l'atmosphère vous plaisent, et si vous imaginez tout à fait votre enfant heureux et épanoui dans ce cadre, il y a des chances qu'elle vous convienne mieux qu'une école qui vous laisse un sentiment de confusion et de doute.

Des critères déterminants Si tentant qu'il puisse être d'inscrire

votre enfant dans une école sans avoir visité une salle de classe, vous devez néanmoins faire de celle-ci une priorité absolue. En passant une demi-heure ou une heure à regarder les enfants travailler, vous en apprendrez beaucoup. Demandez l'autorisation de commencer par assister à une « période de travail ». Si vous avez le temps, restez pour une activité de groupe ou revenez plus tard pour en voir une.

• Dans une école Montessori, vous ne trouverez pas de tables alignées les unes derrière les autres. Il n'y a pas de bureau pour l'enseignant ni de tableau noir derrière lui. L'environnement est organisé de manière à faciliter les échanges verbaux et la collaboration entre les enfants. Le mobilier doit être à la taille des élèves.

• Les salles de classe doivent être claires, chaleureuses et accueillantes, remplies de plantes, d'animaux, d'œuvres d'art, de musique et de livres. On doit y trouver du matériel d'apprentissage qui suscite la curiosité, des modèles mathématiques, des cartes, des graphiques, des objets du monde entier, des références à l'Histoire, une bibliothèque de classe, un coin arts plastiques, un petit musée de la nature et des animaux que les enfants élèvent. Dans une classe élémentaire, vous devez aussi voir des ordinateurs et du matériel scientifique.

• Les classes sont organisées en plusieurs zones thématiques : les arts du langage (lecture, écriture, grammaire, écriture créative, orthographe et calligraphie) ; les mathématiques et la géométrie ; les compétences de la vie quotidienne ; les exercices sensoriels et les puzzles ; enfin, la géographie, l'histoire, les sciences, l'art, la musique et le mouvement. Chaque zone comporte une ou plusieurs étagères, des meubles à tiroirs et des tables sur lesquelles sont posées toutes sortes de matériels à la disposition des enfants.

• Chaque classe doit être équipée de tout le matériel Montessori nécessaire à la tranche d'âge concernée.

• Il doit y avoir peu ou pas de jouets dans une classe de maternelle. En revanche, on y trouve toutes sortes de matériels d'apprentissage correspondant aux facultés, aux centres d'intérêt et aux besoins de tous les enfants de la classe. Ils permettent de

L'apprentissage de la lecture Dans les écoles Montessori, les enfants progressent à leur propre rythme, quand ils se sentent prêts.

Développement de la motricité fine En pratiquant quotidiennement des activités manuelles telles que l'utilisation d'une cuillère, les enfants développent leur psychomotricité.

Les bonnes manières Les enfants de Montessori sont connus et respectés pour leur politesse et leur gentillesse.

multiplier les méthodes d'apprentissage et de découverte en proposant quantité de défis intellectuels.

• Chaque classe doit être encadrée par un éducateur Montessori certifié, titulaire d'un diplôme Montessori reconnu pour la tranche d'âge à laquelle il enseigne. En outre, chaque classe doit avoir un second éducateur Montessori certifié ou un assistant. Les enseignants travaillent avec un ou deux enfants à la fois : ils les conseillent, leur présentent une nouvelle leçon, ou bien observent silencieusement la classe au travail.

• Chaque classe regroupe plusieurs tranches d'âge, chaque tranche couvrant trois années à partir de l'âge de dix-huit mois. Idéalement, la proportion de filles et de garçons est équilibrée, tout comme la proportion d'enfants dans chaque tranche d'âge. La classe comporte en général vingt-cinq à trente enfants – souvent moins chez les tout-petits.

• Les élèves travaillent généralement de façon éparpillée dans la classe, seuls ou bien à deux ou à trois.

• Les enfants doivent de toute évidence se sentir bien et en sécurité.

Adresses utiles et sites Internet

L'Association Montessori de France

322, rue des Pyrénées
75020 Paris
Tél. : 01 43 58 84 72
E-mail : amf@montessori-France.asso.fr
Site : www.montessori-france.asso.fr

L'Association Montessori de France est la seule association nationale reconnue par l'Association Montessori Internationale (AMI).

Vous trouverez à l'adresse suivante la liste des maisons des enfants et des écoles Montessori de France affiliées à l'Association Montessori de France : www.montessori-france.asso.fr/amf_ecoles_adresses.htm

Bibliographie complémentaire

L'Enfant
Maria Montessori
Desclée De Brouwer, Paris, 2004.

Esprit absorbant de l'enfant
Maria Montessori
Desclée De Brouwer, Paris, 2003.

Pédagogie scientifique – T.1. La maison des enfants ; T.2. L'éducation élémentaire
Maria Montessori
Desclée De Brouwer, Paris, 2004.

De l'enfant à l'adolescent
Maria Montessori
Desclée De Brouwer, Paris, 2004.

L'Éducation et la paix
Maria Montessori, Pierre Calame, Michel Valois
Desclée De Brouwer, Paris, 2001.

L'Enfant dans sa famille
Maria Montessori
Desclée De Brouwer, Paris, 2006.

Index

Crédits photographiques

p. 13 : © Bettman - p. 135 : © Getty Images/Jean-Louis Batt - p. 137 : © Corbis
© Dorling Kindersley pour les autres photographies de ce livre.

Imprimé à Singapour